Günter von Hummel

**Der Andere des Wortes und
Das Andere der Sterne**

Zwei Prinzipien psychischen Geschehens als Grundlage eines
selbstanalytischen Verfahrens

Die Malerin T. Heydecker (www.semantik-art.com) schreibt, dass das Umschlagsbild mit dem Titel Menetekel drei Ebenen hat. Die erste stellt die Frau dar, die sich an den Kopf fasst, in dem sich gleichzeitig ein Totenkopf spiegelt, was das „nicht abwendbare Unheil", die direkte Todeserfahrung oder das wirkliche Wissen darum bedeutet. Die zweite Ebene betrifft die Buchstaben in den Sternen, auf die im Text speziell eingegangen wird. Die dritte Ebene entspricht der des Bildbetrachters, ein Tourist, der als blinder Zeuge, mit Fotoapparat das Bild des Menetekel (gezählt, gewogen und zu leicht befunden) nur von außen kennt und unbekümmert konsumiert. Das Buch sucht einen Ausweg aus dieser vielschichtigen Mahnung.

© 2020 von Hummel, Günter
Herstellung und Verlag:
BoD - Books on Demand, Norderstedt
ISBN: 9783750492769
Lektorat: F. Gfirtner, S. Möckel

Inhaltsverzeichnis

I. Die Thematik des Unbewussten

1. Das konjekturale Denken

Mit dem Begriff des *konjekturalen Denkens* habe ich vor et-
lichen Jahren in einem Buch das beschrieben, was ich jetzt
mit dem Titel ‚Der Andere des Wortes' und ‚Das Andere der
Sterne' präziser und vielleicht auch verständlicher ausdrücken kann. Schon damals stellte ich die Frage: ‚Für was
braucht man eigentlich einen Therapeuten, einen professio-
nellen Heiler, einen besonders gescheiten Daherredner, wenn
man die beiden Grundprinzipien psychischen Geschehens,[1]
diese doppelte Unbewusstheit, die ich auch eine doppelte
Andersheit nenne, selbst zur Therapie nutzen kann. Ich hatte
nämlich Meditatives und Psychoanalytisches zu einem neuen
selbsttherapeutischen Verfahren verbunden, das in seiner
praktischen Anwendung einfach zu erlernen ist. Ein bekann-
ter Literaturagent, der damals das Manuskript meines Buches
angefordert hat, meinte jedoch nach der Lektüre, er könne
damit nichts anfangen, er könne nicht konjektural denken, er
verstünde das nicht. Vielleicht gelingt es mit diesem Buch
den Leser und vielleicht sogar auch einen anderen Literatur-
agenten besser zu überzeugen.

Das *konjekturale Denken* war nicht als etwas gedacht, das als
philosophische, akademische oder gar universitäre Methode
hätte durchgehen sollen.[2] Es sollte vielmehr etwas für jeden

---

[1] Ich spiele hier auf Freuds ‚Zwei Prinzipien psychischen Geschehens' (GW VIII, S. 230-238) an, nämlich das Lust- und das
Realitätsprinzip.

[2] Konjektur heißt Vermutung, und das *konjekturale Denken*, das
schon Nikolaus von Kues so benannte, ist ein Denken in – jedoch sehr präzisen, fast mathematischen – Vermutungen (es
sind trotzdem freie Vermutungen, die sich immer mehr zu etwas Zutreffendem hin verdichten, bis ein letztlicher Schluss

sein, der sich dafür interessiert oder es vielleicht sogar aus Gründen seelischer oder seelisch mitbedingter körperlicher Störungen selbst benötigt. Es besteht – so hatte ich es vereinfacht ausgedrückt – darin, dass das übliche, sogenannte 'gerichtete' Denken und das Nichtdenken sich in engster Verbindung abwechseln. Mit Nichtdenken ist nicht vollkommene Unbewusstheit gemeint, sondern ein Zustand der Aufmerksamkeit, jedoch ohne bestimmte Gedanken, also eine Art der Kontemplation. Es handelt sich genau um den Zustand, den der Psychoanalytiker einnehmen muss, wenn er den 'freien Assoziationen' seines Patienten lauscht. S. Freud sagte, dass der Analytiker dabei mit 'gleichschwebender Aufmerksamkeit' zuhören sollte. D. h., der Analytiker denkt nicht ‚gerichtet‘, ist jedoch wach und auf die Aussagen des Patienten hin orientiert. Er befindet sich somit in leichter Meditation, in einer Art des Nichtdenkens, von wo aus er jedoch jeder Zeit zum Denken zurückkehren kann. Auch der Patient wird aufgefordert eine ähnliche Haltung einzunehmen. Er soll ‚frei assoziieren‘, also spontan alles äußern, was ihm in den Sinn kommt, wobei er ebenfalls das ‚gerichtete Denken‘ ausschaltet, auch wenn es kurzfristig immer wieder dazu kommt und er so zwischen Denken und Nichtdenken hin und her schwankt.

Der Philosoph P. Sloterdijk hat diese Vorgänge eine 'Einheit von Wachen und Denken' genannt und auf das griechische Wort *sophronein* (sich besinnen) zurückgeführt. So habe auch der Philosoph M. Heidegger versucht, das 'Philosophieren wieder in den ‚vorsokratischen‘ Zustand zurückzuversetzen, in dem . . diese Einheit von Wachen und Denken

---

feststeht). Was Kulturanthropologen unter *konjekturalem Denken* verstehen lässt sich gut in der Zeitschrift SAGG, Gisi, L. M. Heft 5 / 2008 nachlesen. Es geht dort um eine Denken, das sehr disparate Wissenschaften zusammenfasst.

noch möglich war.'[3] Sloterdijk nennt es auch eine 'pro-kunfuse Einheit', weil das spätere abendländische Denken ohne Wachen genauso wie das östlich-asiatische Wachen ohne Denken nur Konfusion hervorgerufen hat. Neben Heidegger erwähnt Sloterdijk auch Foucault und F. v. Weizsäcker, die dem 'paradoxen Ideal eines Präsokratismus auf der Höhe des zeitgenössischen Wissens am nächsten gekommen seien'.

Hier noch ein anderes Beispiel, um das *konjekturale Denken*, dieses meditative, fuzzi-logische oder kontrapunktische Denken/Nichtdenken zu erklären: Der etwas verrückte Szene-Guru der 70ger und 80ger Jahre, Bhagwan Rajneesh, machte manchmal – trotz seiner sonst recht esoterischen Grundhaltung – ganz pfiffige Bemerkungen. So sagte er z. B., dass er in seinen Ansprachen zwischen den Worten oft etwas längere Pausen mache. Nicht zu lange Pausen freilich, bei denen die Zuhörer hätten denken müssen, dass er jetzt den Faden verloren hat. Aber doch so lange, dass das Publikum noch in der zuhörenden Anspannung verblieb, also gleichermaßen noch die Ohren gespitzt hielt, die Aufmerksamkeit wach zum Redner hin gewandt blieb. Bei zu langen Pausen, aber auch bei zu kurzen oder gar keinen Pausen, fangen die Leute nämlich an, sich selbst Gedanken zu machen. So aber verblieben sie in einem Nichtdenken, in einer Art von Meditation. Während einer halbstündigen derartigen Ansprache hätten – so der Guru – die Zuhörer also schon ca. sieben Minuten meditiert (und 23 Minuten 'gerichtet' zugehört).

Trotzdem scheint mir diese Ansprache/Zuhörer-Methode keine sehr ausgereifte Form des Wechsels von Denken und Nichtdenken zu sein. Denn die Lehre des Gurus, die er auf diese Weise vermitteln wollte, hat sich nicht durchgesetzt.

---

[3] Sloterdijk, P., Du musst dein Leben ändern, Suhrkamp (2009) S. 272 - 275

Man könnte sich eine kompaktere, direktere Methode vorstellen, z. B. ganz langsam, monoton, eben mit Zwischen-
pausen einen rätselhaften Satz denken, wie man es beim
buddhistischen Koan macht. Der Nachteil beim Koan ist jedoch ein asiatisch religiöser Hintergrund, der völlig fremd
und auch nicht mehr zeitgemäß ist. Auch ein Gebet vermittelt kein konjekturales Denken, der Gebetstext muss rituell
wiederholt werden, und der konfessionelle, dogmenbehaftete
Hintergrund ist störend.

Für mein Vorhaben sollte vielmehr neutrale Wissenschaftlichkeit zum Zug kommen, die jedoch außerhalb der fach-
universitären Vermittlung liegt, wie es etwa bei der Psychoanalyse der Fall ist. An der Universität wird nur ‚gerichtet‘
gedacht. Es wird nur Wissen produziert, aber keine Wahrheit, wie Lacan es in seinen ‚vier Diskursen‘ monierte.[4] Um
einen guten Überblick zur gesamten Thematik zu haben, um
die es hier gehen soll, fängt man am besten mit einem kurzen
Hinweis auf die Philosophie des achtzehnten und neunzehn-
ten Jahrhunderts an, so zum Beispiel bei Hegel. Dieser All-
round-Philosoph konnte noch voll aus allen bekannten Wissenschaften schöpfen. Er fing mit dem Begriff des Selbstbewusstseins an, ging dann zum Wesen des Denkens, der Logik, der Transzendenz und etlichem anderem über, um all
diese Bausteine höher und höher schaukelnd in stets weitere
Zusammenhänge bringend, und gelangte so zu einem wol-
kenkratzerartigen Universalgebäude Namens Geist.

---

[4] Der erste Diskurs ist der des Herrn, des blinden Bestimmers,
der zweite der des Neurotikers, der die Wahrheit sagt, aber
nichts weiß, der dritte eben der der Universität, der weiß, jedoch die Wahrheit verfehlt, weil er nur das Wissen vermehrt,
der vierte der des Psychoanalytikers, der das speziell das Wissen um die Wahrheit aus seinem Patienten herauszieht, während er selbst unerkannt bleibt.

Geist, ein schillernder Begriff, bei Hegel allein aus seinem eigenen Denken in äußerst komplexer Form konstruiert. So etwas geht heute nicht mehr. Hegel konnte noch behaupten, er sei der Weltgeist und Napoleon die Weltseele, beide hätten sie zusammen Gott ergeben. Eine kühne Phantasie, auf die man sich im einundzwanzigsten Jahrhundert nicht mehr einlassen kann. Auch mein *konjekturales Denken* ist so heute chancenlos. Man benötigt etwas, das jeden Menschen in die Wissens- und Wahrheitsfindung vollkommen einschließt. Bereits der Philosoph H. Hastedt postulierte diese Forderung indem er schrieb, dass „der Geist in der Teilnehmerperspektive als Subjekt der Erkenntnis methodisch vorrangig ist gegenüber Geist und Körper als Erkenntnis-Objekten in der Beobachterperspektive".[5]

Außerdem existieren heute andere Schwerpunkte der Wissens- und Wahrheitsfindung, die jedem zugänglich sind, wie etwa das Internet und die Psychoanalyse.[6] Ich arbeite seit vierzig Jahren als Arzt und Psychoanalytiker und stütze mich in meinem Vorgehen auf diese psychologische Wissenschaft. Wie erwähnt, teilt man sich also (zwischen Analytiker und Patient) die Sache mit dem Denken und Nichtdenken in der herkömmlichen Psychoanalyse auf. Sowohl der Patient wie der Analytiker haben Phasen des 'gerichteten' wie des tranceartigen Denkens, das der originelle Psychoanalytiker A. Ferro auch ‚il pensiero onirico della veglia' nennt, das rätselhafte Wachtraumdenken.[7] Ferro schreibt, wie er und sein

---

[5] Hastedt, H., Das Leib-Seele Problem, Suhrkamp (1989) S. 291

[6] Freud hatte für die Laienanalyse geworben, dass also jeder an dieser Wissenschaft teilnehmen können sollte.

[7] Ferro, A., Pensieri di uno psicoanalista irriverente, Raffaello Cortina Editore (2017) S. 29

Patient in der Therapiestunde sich zusammen einem Traum hingeben, um dann – wieder ganz wach – die Sitzung mit einem gemeinsamen, konkreten Gedanken zu beenden.

Hier in diesem Buch soll es aber um etwas anderes gehen: eben um ein direktes Verfahren, bei dem man nicht hunderte Stunden in eine Therapie gehen, aber auch nicht an der Universität ewig lange studieren muss,[8] sondern an etwas Eigenem mitarbeiten kann. Darin können jedoch die Grundtatsachen wie die 'freie Assoziation' (der Andere des Wortes) und die 'gleichschwebende Aufmerksamkeit' (das Andere der Sterne) eine Rolle spielen.

‚Der Andere des Wortes' ist jener Typ, den der französische Psychoanalytiker J. Lacan L'*Autre* nennt, den unbewusst Anderen in uns selbst. Es ist klar, dass beim ‚freien Assoziieren', beim Drauflosreden, ‚Anderes' dazwischen kommt, das man gar nicht sagen wollte. Doch wer ist es, der da dazwischen redet? Es muss nicht ein Er sein, der sich aus dem Unbewussten heraus vernehmbar macht, ich bezeichne ihn auch als ein Es *Spricht* (Lacan: ça parle dans l'inconscient). Auf jeden Fall *Spricht* Es anders als üblich, und so ist vom Anderen des Wortes zu schreiben vielleicht ganz zutreffend und besser als vom konjekturalen Denken zu schwadronieren, auch wenn ich dies damals originell fand.

Er/Es beinhaltet die verinnerlichten Aussagen der Eltern, Lehrer, Analytiker, die als solche im Unbewussten wie sprechende Echos und mahnende Stimmen in Form von Ich-Ideal, Über-Ich, und eben Anderem in jedem Menschen weiter agieren. Wenn ich sage ‚weiter', so weil sie schon im Kleinkindesalter zu wirken begonnen haben, wo das Kind

---

[8] Ich weise nochmals auf die Fußnote 4 hin, dass der reine universitäre Diskurs ohnehin nicht zur Wahrheitsfindung taugt, da wegen eines Objektvierungszwangs das Subjekt immer unberücksichtigt bleibt.

noch gar nicht sprechen und die Symbole verstehen konnte. Doch gerade deswegen, weil das Kind nichts hinsichtlich der worthaften Bedeutung der Stimmen und Echos einordnen kann, finden ja schon ganz früh Verwerfungen, Verdrängungen und innerseelische Spaltungen statt, die ins Erwachsenenalter hineinwirken.[9] Im Traum und speziell in den Freudschen Versprechern, die das normale Wort völlig verdrehen und zerhacken, drückt sich all das Redende und doch nicht klar Gesagte dieses verbalen Anderen aus. Wirklich, Er/Es spricht ganz ‚anders herum' und so müssen seine Ausdrücke interpretiert werden, um sie verständlich zu machen.

Aber es wird in der herkömmlichen Psychoanalyse zu wenig interpretiert. Bekanntlich überträgt der Patient in der Behandlung Bedeutungen auf den Therapeuten, die aus diesen frühen Zeiten oder aus anderen Beziehungen stammen in nicht adäquater Weise. Diese Übertragungen kann der Psychoanalytiker nur interpretieren, wenn er sie als ‚psychische Objekte', als psychische Fixierungen und als Abwehr vor bedrängenden Trieben zu fassen bekommt. Wenn er sie auf keine zu objektivierenden Beziehungen mehr zurückführen kann, weil er sie in seiner Ausbildung bei sich selbst gar nicht kennen gelernt hat, greift er oft zu sogenannten ‚Enactments', einer Art künstlichen Eingreifens, erspürten Deutungen und anderen Methoden, die er im Sinne einer Gegenübertragung (Reaktion auf die Übertragung des Patienten, die man auch ‚Übertragungsliebe' nennt) intervenierend zu nutzen versucht. Der Psychoanalytiker betont zu sehr das Es *Spricht*, das Wort-Wirkende. Meines Erachtens fehlt

---

[9] Lacan, J., Seminare XXIII, Übersetzung Lacan-Archiv, S. 10: „Die Philosophen . . wissen nicht, dass die Triebe das Echo im Körper sind. . .Weil der Körper einige Öffnungen hat, deren wichtigste, weil sie nicht geschlossen werden kann, das Ohr ist, antwortet im Körper das, was ich die Stimme genannt habe".

ihm das Es *Strahlt*, das Bildlich-Wirkende, das ich ‚Das Andere der Sterne' nenne.

Auch dieser Begriff stammt von Lacan, als er vom ‚L'Autre des Astres' sprach. Es geht um „den Anderen, den man eben immer an seinem Platz antrifft, und den ich das Andere der Sterne genannt habe, weil er das stabile System der Welt und des Objekts ist."[10] Lacan stützte sich mit dieser Aussage auf die Sterne, speziell die Fixsterne, die eben eine fixierte, definitive Ordnung garantieren und somit herhalten müssen für die psychischen – den oben genannten Echos entsprechenden – inneren Spiegelungen, die innere Luzidität. auf die Lichtreflexe, auf die Wissenschaft von den Pixeln und den strahlenden *Kraftlinien* – wie er auch sagt. Diese wirken im Unbewussten eben wie ein Anderes ihrer selbst, wie das Andere der Sterne, eine andere Geometrie. Der Ausdruck Sterne bezieht sich auf eine psychische Spiegelung, die Sternencharakter hat und die manchmal sogar so intensiv sein kann, dass man sich wirklich mitten unter ihnen zu befinden glaubt,[11]

E. Coccia philosophiert diesbezüglich über das Sinnenleben, die ständige Verwandlung durch Bild- und Sinneseindrücke, die einem unaufhörliche Identitäten vermitteln, Ideal-Ichs und Neben-Ichs,[12] so dass der Mensch von etwas ‚Schizoid-

---

[10] Lacan, J., Seminar III, Quadriga (1997) S. 89

[11] Mystiker und Esoteriker reden diesbezüglich oft vom ‚Astralen', einem Zustand, bei dem man das Gefühl hat wie unter ganz leichtem Strom zu stehen. Das seelisch Unbewusste fängt dann an mit dem Gehirn in eine Oszillation zu geraten. Diese oder eine sehr ähnliche Erfahrung kann auch in Hypnose auftreten und Freud hat dies anfänglich zur Psychotherapie genutzt.

[12] Coccia, E., Sinnenleben, Ed. Akzente Hanser (2020)

Paranoidem' bedroht ist, wie es die Psychoanalytikerin M. Klein formulierte.[13] In immer neuen Formen versuchen Künstler dieses sinnlich Strahlende, Blendende, Faszinierende und Betörende einzufangen. Man findet sich in diesem sich wandelnden Sinnesleben aber auch topologisch, geometrisch zurecht. Man denke an die Sternbilder, die wie geometrische Figuren durch derartige *Kraftlinien* verbunden sind, und die man immer schon zur Stützung der eigenen Identität verwendet hat.

So beruft sich Lacan also einerseits auf die Linguistik (den Anderen des Wortes), andererseits aber auch auf die Bildtheorie bzw. Einsteinsche Geometrie, Topologie (das Andere der Sterne). „Die Natur liefert Signifikanten", schreibt er, und damit betont er neben dem Symbolischen, Wort-Wirkendem, auch das Imaginäre, das Bild-Wirkende, die bildliche Ordnung der Natur und der Sterne, die genauso eine Andersheit im Unbewussten darstellen wie die des Wortes. Das Andere der Sterne und Pixel ist durchdrungen von dem der Worte, der verbalen Symbole und umgekehrt.

„Noch bevor die eigentlichen Humanbeziehungen entstehen, sind gewisse Verhältnisse schon determiniert", schreibt Lacan weiterhin. „. . . Noch vor jeder Erfahrung, vor aller individuellen Deduktion und noch bevor überhaupt kollektive Erfahrungen . . . sich niederschlagen, gibt es etwas, das dieses Feld organisiert und die ersten *Kraftlinien* in es einschreibt . . . die Funktion einer ersten Klassifizierung".[10] *Kraftlinien* sind also bedeutende Zeichen, tragende Erscheinungen, Bildliches, das etwas zeigt, ein Es Zeigt, Es *Strahlt*. Ein sich Zeigendes liegt bereits vor, und wenn die symboli-

---

[13] Das Tier kennt feste Bild-zu-Bild-Entsprechungen und kann sich nicht wie der Mensch im Sinneshaften völlig verlieren.

sche Ordnung, das Es *Spricht*, in dieses Sich-Zeigende, bedeutend Erscheinende hineinwirkt, kann man die ausstrahlenden *Kraftlinien* als Pendant zu den symbolisch ordnenden, ‚verbalen Signifikanten' die ‚imaginäre Signifikanten' nennen und beide zusammenfassend das Unbewusste – Lacan folgend – als einen „linguistischen (*Spricht*, Anderen des Wortes) Kristall" (*Strahlt*, Anderes der Sterne) bezeichnen.

Am Anfang war also die Zwei,[14] das Bild- und Wort-Wirkende, verbaler und imaginärer Signifikant, das Es *Strahlt* und *Spricht*. Wegen der vielen gleichsinnigen Begriffe hier ein kleines Schema zur Übersicht. Der Schrägstrich soll das Trennende, aber auch Verbindende der sich gegenüberstehenden Ausdrücke vermitteln. Ich rechtfertige diese

Das Andere der Sterne	Der Andere des Wortes
imaginärer Signifikant	verbaler Signifikant
Es Strahlt	Es Spricht
Schautrieb	Sprechtrieb
Bild-Wirkendes	Wort-Wirkendes

Vielseitigkeit der Begriffe damit, dass sie trotz ihrer Gleichheit doch leicht unterschiedliche Aspekte herausheben. Sie verdichten schon von sich aus das Wesentliche, um das es geht, wobei der trennend/verbindende Schrägstrich das Reale kennzeichnen soll, das Freud ‚psychische Realität' nannte, und das Lacan neben dem Symbolischen und dem Imaginä-

---

[14] Auch wenn in der mathematischen Mengenlehre von der Drei (oder Mehrheit) ausgegangen wird, werden Prinzipien und Kräfte in der Wissenschaft allgemein auf die Zwei grundlegenden reduziert.

ren als die dritte wesentliche Kategorie allen Seins und Nichtseins herausstellte.

Kurz zusammengefasst: Im seelisch Unbewussten eines jeden Menschen arbeiten zwei Grundkräfte mit- und gegeneinander. Es handelt sich nicht mehr um den Eros-Lebens- und den Todes-Trieb (der sich nie beweisen ließ) wie noch bei Freud, sondern um den Schau- oder Wahrnehmungstrieb und den Sprech- oder Entäußerungstrieb. Letzterer, der Andere des Wortes, spricht nicht nur nach außen, sondern auch innerlich. „Die Sprache per se," sagt der Philosoph M. Heidegger zu dieser Thematik, „spricht vom Menschen . . Sie spricht als das Geläut der Stille. . . . Wir 'Sprechen' im Wachen und im Traum. Wir 'Sprechen' stets; auch dann, wenn wir kein Wort verlauten lassen, sondern nur zuhören oder lesen, sogar dann, wenn wir . . . einer Arbeit nachgehen oder in Muße aufgehen.[15] Doch Es *Spricht* im Unbewussten nur monologisch, der Andere des Wortes ist kein universeller, dialogfähiger, die Wahrheit garantierender Anderer. Die Psychoanalytiker sagen: er ist im Symbolischen kastriert, er ist blockiert, gehemmt.[16] Zum realen, reichen, vollständigen Anderen kann er nur im Verbund mit dem der sternenartigen Strahltpunkte, des unbewusst Luziden, der ‚ultrasubjektiven Ausstrahlung' (Lacan) werden.

Diese Helligkeit des Anderen der Sterne zeigt sich in der klassischen Psychoanalyse jedoch nicht. Um sie ins Spiel zu bringen muss ich etwas in die menschliche Frühgeschichte hin ausholen. Die Vormenschen haben die Sterne nicht als

---

[15] Heidegger, M., Unterwegs zur Sprache, Verlag G. Neske (1993) S. 32-33

[16] Lacan sagt, dass es sich um den verbalen Signifikanten eines Mangels im Anderen handelt, geschrieben S($\bar{A}$): das Fehlen eines Signifikanten, der die Wahrheit beim (groß zu schreibenden, bedeutenden) Anderen garantiert.

den Spiegel einer inneren Stabilität wahrgenommen wie ich es von Lacan oben zitierte. Das Andere der Sterne bestand noch aus unkoordinierten Spiegelungen wie sie Freud noch etwas ungenau als primären Narzissmus beschrieb. Am Anfang des Lebens sind die seelischen Energien sogar noch „im undifferenzierten Ich-Es vorhanden",[17] wobei sich ein „primärer Narzissmus" herausbildet.[18] Wer Säuglinge beobachtet hat, und dies gehört heute zur psychoanalytischen Ausbildung, wird bestätigen, dass in den ersten Wochen das Kind selbstspiegelnd in sich verbleibt, auch wenn es früh die vereinheitlichte Mundzone/Brust der Mutter als seelisches ‚Objekt' energetisch (libidinös) besetzt.

Und so sehen viele neuere Psychoanalytiker das Vorherrschen primärster Spiegelungen, speziell solcher im eigenen Körper, also das starke uns von Anfang an bestimmende ‚Körper-Spiegel-Ich', das psychische „concrete original object" (COO), als präexistent an.[19] Ihm folgen erst später die üblichen Selbstspiegelungen, mit denen man sich nach außen hin in anderen reflektiert, wozu dann eben der sekundäre Narzissmus und anderes gehört. Das Andere der Sterne nimmt also seine Form schon in zunehmender Ausprägung beim Frühmenschen an und ist – übertragen aus dieser Phylogenese nunmehr in die Ontogenese – beim Kleinkind ebenfalls in den frühesten Lebenswochen präsent. Es ist sogar das Bezeichnende in dieser Phase, wie auch Coccia betont, der die Nachahmung als die perfekte Anverwandlung beschreibt, die ihre eigene innere, wenn auch flüchtige, Existenz hat.[12]

Erst später kommt das Sprechen hinzu (phylogenetisch vor ein paar hunderttausend Jahren, ontogenetisch mit eineinhalb bis zwei Jahren), und so verbinden sich die beiden Anderen

---

[17] Freud, S., GW XVII, S. 72
[18] Freud, S., GW X, S. 154
[19] Ferrari, A. B., From the Eclipse of the Body to the Dawn of Thought, London: Free Association Books (2004)

zu dem, was man einen vollwertigen Menschen mit seinem Ich oder seinem Selbstobjekt nennen kann. Für den Psychoanalytiker setzt erst da das Unbewusste ein, das sich ja durch sein besonderes Gedächtnis auszeichnet: Es speichert nämlich das am besten, was es am schlechtesten erinnern kann, das Verdrängte.

So muss es zwar schon vorher in einer ersten Verdrängung (Freud spricht von der ‚Urverdrängung‘) ebenfalls unbewusste Vorgänge geben, die eben noch fast instinktmäßig verankert sind bzw. eine ‚psychische Gegenbesetzung‘ darstellen. Der Instinkt und auch der Freudsche Trieb sind in ihrer Primärform nicht bewusst zu erfassen. Während der Instinkt rein biologisch zu sehen ist und so nur beim Tier seine Funktion ausübt, ist dies beim Freudschen und für den Menschen zuständigen Trieb anders. Er wird psychisch in einer ‚Vorstellungsrepräsentanz‘ (so Freuds Begriff), entweder als direkter Affekt oder als ins Denken verschobener Inhalt, dargestellt. Wenn man sich jetzt das Ganze von diesen frühen Spiegelungsphasen her ansieht, spielt wohl nur der Affekt eine Rolle, denn ‚gerichtetes‘ Denken ist hier noch nicht vorhanden. Dieser reine Affekt kann nicht in einem Gedächtnis gespeichert werden, doch er wird bestens erinnert, denn es genügt schon der erneute gleiche oder ähnliche Auslöser, dass er wieder auftaucht.

Diese beiden Gedächtnis/Erinnerungs-Strukturen zeigen also erneut den Unterschied und doch auch den Zusammenhang des Anderen des Wortes und der Sterne. Ist der Inhalt der Worte zu bedrängend, wird er verdrängt, in die Luzidität dagegen kann man sich fallen lassen. Wie erwähnt hatte Freud am Anfang seiner Tätigkeit dieses Sich-Fallen-Lassen durch Hypnose erzeugt, die auftretende Katharsis sodann genutzt, um dem Patienten Erinnerungen zu entlocken. Doch die Patienten genossen den Abhängigkeitsrausch von der Stimme des Therapeuten und waren zu kritischer, intellektueller Zusammenarbeit nicht zu bewegen. Deswegen verlagerte er die

Behandlung auf die genannte ‚freie Assoziation' (Anderer des Worte) und die ‚gleichschwebende Aufmerksamkeit' (Anderes der Sterne) und musste nun in mühevollen Interpretationen oder Rekonstruktionen (den erwähnten Enactments) die im Unbewussten verborgene Wahrheit finden.

In dem von mir entwickelten Verfahren wird jedoch die Katharsis wieder genutzt, weshalb ich es auch ‚*Analytische Psychokatharsis*' genannt habe.[20] In diesem Verfahren werden die oben schematisch zusammengestellten beiden Grundkräfte in ihrer elementarsten Form verwendet. Ich erkläre die Praxis zwischen den Zeilen des theoretischen Textes, fasse sie aber nochmals ausführlich ab der Seite 176 zusammen. Doch soviel schon vorab: Die ‚Imageny Rehearsal Therapy wird in letzter Zeit oft hinsichtlich der Bewältigung von Albträumen erwähnt.[21] Schon in den Wortteilen ‚imag' und ‚hear' klingen die beiden Grundkräfte wieder heraus, doch die Methode ist ein simpler verhaltenstherapeutischer Trick. Man muss zuerst die albtraumhaften Elemente anschauen, sich dann eine Strategie ausdenken wie die Monster und Horrorszenen in einen lieblichen Märchenfilm umgedeutet werden können. Prägt man sich dann die Umdeutung so richtig gut ein, verschwinden die Albträume. Das mag manchmal so ablaufen, aber logisch und wissenschaftlich begründet ist dies nicht. Deswegen heißt es auch, dass es gerade bei wiederkehrenden Albträumen nicht funktioniert.

Fundierter, logisch-wissenschaftlich begründeter ist das Vorgehen bei der *Analytischen Psychokatharsis*. Das Unbewusste ist – sowohl vom Sprachlichen wie vom Bildlichen her – ‚anders herum' aufgebaut, also als Anderer des Wortes

---

[20] Hierbei kommt es jedoch nicht zu der eingangs beschriebenen ‚Astralerfahrung' der Mystiker, im Vordergrund steht die reine befreiende, eher mit Helligkeits- oder ‚Durchrieselungs-Empfindungen' einhergehende Katharsis.

[21] Lauer, J., Schlecht geschlafen? FAS vom 23. 2. 2020, S. 15

wie auch als Anderes der Sterne. Ich habe dies bereits am Beispiel des buddhistischen Koans erläutert, dieses Vorgehen aber wegen seiner Unwissenschaftlichkeit und Mystik abgelehnt. In der *Analytischen Psychokatharsis* werden sogenannte *Formel-Worte* (Wortformeln) verwendet, die in einem einzigen, im Kreis geschriebenen Schriftzug mehrere Bedeutungen enthalten, je nachdem von welchem Buchstaben aus man die Formulierung liest. Entsprechende Bezüge zum psychoanalytisch-linguistischen Kern (Lacans ‚linguistischer Kristall‘) des Unbewussten werden aufgezeigt. Es ist klar, dass die Verwendung derartiger ‚anders herum‘ gestalteter Formulierungen das Unbewusste weitaus stärker provoziert, sein Wissen, seine Wahrheit, herauszugeben, als wenn man es nur mit lieblich umgestalteten Sätzen umschmeichelt. So viel bzw. wenig erst einmal vorab.

1. 2. Die Signifikanten des Neandertalers

Vor ein paar hunderttausend Jahren also konnten die *Menschen* (z. B. die Neandertaler) bereits *sprechen*, wenn auch in völlig anderer Weise als wir es heute tun. Wahrscheinlich war ihr *Sprechen* jedoch so anders, dass unser Wort *sprechen* für eben diese Tätigkeit sogar missverständlich ist. Ich müsste meinen ersten Satz geradezu in der Art der 'Sprache' – oder besser: 'Spreche', 'Lautung' – der Früh-Menschen ausdrücken können, um von ihnen wirklich etwas mitzuteilen. Anderenfalls verfehlt mein Schreiben seinen Zweck. Denn sowohl '*sprechen*' als auch '*Mensch*' in diesem ersten Satz müsste ich gänzlich anders erfassen und einander zuordnen, als ich es mit unserer heutigen Ausdrucksweise tue. Denn es liegt ja nicht nur an der Unmöglichkeit einer Übersetzung der Neandertalersprache in unsere heutige verbale Kommunikation, sondern an der Unmöglichkeit einer Rekonstruierbarkeit dieser frühen artikulativen Tätigkeit überhaupt, die wir als 'menschliches Sprechen' bezeichnen. Umso mehr glaube ich, dass es wichtig wäre, schon durch die Art meines Schreibens das Originäre des Frühmenschen zum Ausdruck zu bringen. Denn das sich Mitteilen des Neandertalers – so meine These – spiegelte mehr dieses kontemplative Nicht-Denken wider, während wir mehr ‚gerichtet' sprechen und denken.

Wie soll man also generell von so jemand Elementarem, so einem Urwesen wie dem späten homo erectus oder dem Neandertaler etwas aussagen? Er selbst würde sich selbst ja niemals in unseren trockenen Vokabeln und in unseren gestelzten Formulierungen wiedererfassen können. Umgekehrt könnten wir unsere komplizierten Ausdrücke für seine 'Urlaute' (Urphoneme, wenn so etwas wie ein Phonem, nämlich die klangliche Einheit des Sprechens, dafür überhaupt zutreffend ist) gar nicht verwenden. Es ergäbe sich also nur eine tiefe Miss-Kommunikation, träfen wir mit einem Neandertaler zusammen. Wir können sicher sein, dass wir niemals wirklich wissen werden, wie der Neandertaler gesprochen, besser: 'gelautet' hat. Seine 'Spreche' war, wie man vermutet, eher ein Rufen, Singen und Lärmen, als wirkliche Rede, eher Evokation als Mitteilung.

Aber eben darin war er wieder sehr modern. Denn eigentlich, sagt Lacan, dient das *Sprechen* (oder sollte es) mehr der Evokation, der Enthüllung, als der Kommunikation und der Mitteilung. Ja, insoweit das Unbewusste des Menschen selbst schon Sprachliches, Symbolisches ist, sollte die Sprache ohnehin mehr Sage, Verlautung, Wort-Wirkendes sein, als oberflächliche Vermittlung und Kommunikation. Für die Psychoanalyse ist das Subjekt des Aussagens wichtiger als das der Aussage, das Wie fast authentischer als das Was. Man teilt sich – und das gilt natürlich auch außerhalb analytischer Sitzungen – eklatant mehr in dem mit, was man beim Sprechen nebenbei enthüllt, als in dem, was man inhaltlich sagt.

Was heißt das überhaupt: voll und authentisch sprechen, voll und ganz eine symbolische Ordnung austauschen, so dass nicht eigentlich hintenherum die Wahrheit erst gesucht werden muss, wie in den meisten Fällen von heutiger Kommunikation? Die Unmenge Gedrucktes und Gefilmtes, Gefachsimpeltes und Gequatschtes, Dahingeredetes und bis zum Geht-Nicht-Mehr Debattiertes kann ja nicht immer wirkliche Kommunikation im Sinne auch einer Enthüllung des Wahren und Zutreffenden sein! Das ist ja der Grund, warum ich gerne im Originalton reden möchte, der für uns heute wie für damals gelten würde. War uns nicht der Neandertaler vielleicht in vielem voraus, wenn er zwar nur Rülps- und Grunzlaute – wie unfreundlich gesinnte Forscher gemeint haben – von sich gab, darin aber viel mehr von sich, seinen Gefühlen und elementaren Affekten verriet, als wir es heute selbst in langen Gesprächen tun?

Lacan war ganz entsetzt über den berühmten Sprachwissenschaftler N. Chomsky, als dieser ihm gegenüber erklärte, die Sprache sei für ihn ein Organ, ein Werkzeug![22] Nach Chomsky ist die Sprache ein menschliches Werkzeug, das auf den Menschen selbst zurückwirken kann, während Lacan genau der gegenteiligen Auffassung ist: 'Der Mensch spricht' – hat die Fähigkeit zum Symbolisieren – 'aber er tut dies, weil das Symbol ihn zum Menschen gemacht hat'![23] Irgendetwas Symbolisches, eine primitive symbolische Ordnung, eine Art von Wort-Wirkendem, von einem Es *Spricht* ist schon da, bevor der Mensch erscheint, d. h. mit diesem *Spricht* erscheint er erst voll und ganz. Deswegen muss es eine Möglichkeit geben, dass wir ohne Miss-Kommunikation Vergleiche zwischen den Frühmenschen und uns anstellen können, ohne uns nur auf die Altertumswissenschaft, speziell die Paläoanthropologie beschränken zu müssen, die uns stets nur magere Funde liefert: ein paar Knochen, Reste einer Höhle, Grabbeigaben.

Natürlich will ich darauf hinaus, einen Zugang für uns heute zu gewinnen, der viel kompakter und einfacher als die klassische Psychoanalyse, aber auch wissenschaftlich fundiert hinsichtlich der Frühmenschen zu handhaben ist. Das erwähnte, neue Verfahren der *Analytischen Psychokatharsis* kann man üben wie eine Meditation, indem man eben diese originären Sprach-Elemente vermittels der genannten *Formel-Worte* (Wort-Formeln) wieder aufruft, wieder lebendig macht und zur Analyse verwendet. Auf all dies werde ich noch ausführlich zurückkommen, will aber den Leser nicht lange darauf warten lassen und wie bei den Pausen beim oben zitierten Guru immer wieder kleine Enthüllungen einsprengen. So könnte vielleicht das Lesen schon ein bisschen

---

[22] Lacan, J., Le Sintome, Seminaire Nr. XXIII vom 9.12.75

[23] Lacan, J., Schriften I, Walter (1980) S. 117

von der Kombination des Andern der Worte und der Sterne vermitteln.

Neuere paläoanthropologische Forschungen behaupten, 'die Neandertaler sind nicht unsere Vorfahren', weil jetzt endlich exakte Analysen von mitochondrialer DNS bewiesen haben, dass das genetische Muster zwischen den Frühmenschen und uns doch zu unterschiedlich sei.[24] Allerdings schließen die DNS-Untersuchungen nicht aus, dass es doch in einem gewissen Grade Vermischungen zwischen den Neandertalern und den Cro-Magnon-Menschen (unseren gesicherten Vorfahren) gegeben hat und wir somit doch in sehr 'verdünntem' Maße genetisches Material von Neandertalern haben könnten. Das genetische Material ist dann eben so ausgedünnt, dass man die Vermischung nicht mehr nachweisen kann, bzw. es spielen auch noch andere epigenetische, nicht an die DNS gebundene Erb-Merkmale eine Rolle.[25] Inzwischen haben jedoch genauere Untersuchungen eindeutig belegt, dass die Neandertaler unsere Vorfahren sind.[26]

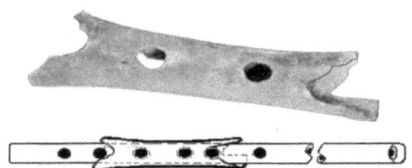

Abb. 1 Neandertaler-flöte und dessen kunstvoll ergänzende Rekonstruktion

Auch die Kulturstufe der Neandertaler war – wie K. Wong berichtet – wahrscheinlich doch der des moderneren Menschen viel ähnlicher, als man bisher annahm. So 'fertigten

[24] Krings, M., Neandertaler-DNA-Sequenzen und der Ursprung des modernen Menschen, H.Utz Verlag (1998)
[25] Wong, K., Vermischung oder Verdrängung? Der Streit um die Neandertaler, Spektrum der Wissenschaft 6, (2000) S. 42-49
[26] Pääbo, S., Die Neandertaler und wir, Fischer (2014)

vor rund 90000 Jahren Neandertaler wie frühmoderne Menschen Werkzeuge der Moustérien-Stufe, der Kultur der mittleren Altsteinzeit'. Erst neueste Erkenntnisse – veröffentlicht in der renommierten Zeitschrift 'Nature' – belegen, dass Kunstwerke, die man lange Zeit dem Aurignacien (Altsteinzeit) zuschrieb, wie z. B. die Höhlenzeichnungen von Chauvet sowie Figuren und Flöten (siehe Abb. oben), ganz offensichtlich Werke des späten Neandertalers waren.[27] Neandertaler und frühmoderne Menschen lebten einige Zehntausend Jahre mit- und nebeneinander und vermischten sich genetisch und kulturell zumindest in gewissem, begrenzten, Umfang. Schließlich aber wurden die Neandertaler durch zahlenmäßige Übermacht der heutigen Cro-Magnon-Menschen verdrängt, gingen in ihnen auf oder starben durch eigenes Fehlverhalten aus.

Aber darüber hinaus sind es ja vielmehr diese primären Signifikanten, diese in der Natur schon vorgezeichneten *Kraftlinien* ursprünglichster Bedeutungen, dieses Bild-Wort-Wirkende, eine Art von Es *Strahlt / Spricht*, das sie zu unseren engsten Verwandten macht. Das Genom ist nicht das Wesentliche unserer Identität. Denn viel wichtiger als die Genetik, die Physiologie, der Nachweis spezifischer DNS oder RNS, aber auch wichtiger als irgendeine 'geistige' Strebung, Kraft, Tendenz[28] sind eben die Signifikanten, die uns zum Menschen und Nachfahren des Neandertalers werden ließen, indem sie uns den Stempel der symbolischen Ordnung (den Anderen der Worte) und der imaginären Strahlenwelt (das Andere der Sterne) schon eingedrückt haben, lange bevor wir uns im modernen Sinne vermitteln konnten. Diese Wort- und Bild-Anderen bestanden nämlich beim Neandertaler noch vorwiegend aus jener von Freud so

---

[27] Nature, Bd. 340, (2004) S. 198

[28] Der bekannte Paläontologe Teilhard de Chardin benutzte derartige Vergleiche und Begriffe.

genannten primärsten Identifizierungsart, die sich 'vor dem Hintergrund einer assimilierenden Verschlingung' abspielt. Kurz: diese Kombination der beiden Grundprinzipien drückte sich meist in einer Art von Silben-Kauen, von vorwiegend vokalischen Lauten beim gemeinsamen Verzehr, ja, vom 'Oralem' (Mundtrieb) aus, das ausgetauscht werden kann. Bekanntlich kann man sich mit Worten füttern (beim berühmten Kaffeeklatsch etwa oder gerade dann, wenn man sich 'zu gut' versteht), und die Neandertaler gaben sich diesbezüglich recht drastisch. Nicht nur, dass sie sehr viel vom Essen sprachen, ihr Sprechen hatte selbst den Charakter von Essgeräuschen und oralen Genusslauten.[29] Es gab ein Ur-Gespräch, oder besser noch: eine Art Ur von Gespräch, in dem sie sich unterhielten, schwätzten und sch(w)(m)atzten. Sie liebten sich dabei so sehr, dass sie sich – freilich nur im Sinne eines rituellen Kannibalismus – auch fraßen.[30]

Auch wenn dies spekulativ ist, für mein Vorhaben ist es nicht so wichtig, quantitative oder qualitative Unterschiede zwischen uns und dem Neandertaler herauszuarbeiten, denn gerade im Bereich der Signifikanten, wo wir also am ehesten einen Vergleich zwischen uns und dem Neandertaler herstellen können, zählen just die Unterschiede nur insofern sie ohnehin nivelliert, ja gelöscht sind! Der verbale Signifikant ist nämlich eine gelöschte Spur, eine Tilgung der genannten *Kraftlinien*, aber gerade weil sie getilgt sind, sind sie signifikant! Dies kann man aus Folgendem sehen: Obwohl jede Jagd auf ein Tier für den Frühmenschen die Spur eines im-

---

[29] Dunbar, R., Klatsch und Tratsch, wie der Mensch zur Sprache fand, Bertelsmann (1998). Viele Forscher behaupten, dass die Neandertaler 'Grunzlaute' hervorbringen konnten, eine Formulierung, die etwas rassistisch klingt.
[30] Sanday P. R., Divine hunger, Cannibalisme as a cultural system, Cambr. Univ. press (1986) S. 25-26

mensen Erlebnisses in ihm erzeugte und hinterließ, machte er bereits doch nach jedem erfolgreichen Coup den gleichen Strich, die gleiche Kerbe in einen Stein oder Knochen![31] Er fing also an zu zählen (wiederum glaube ich nicht, dass er in unserem Sinne gezählt hat, so dass der Ausdruck „Es zählte in ihm" eigentlich besser ist)! Nicht mehr das Erlebnis zählte, sondern die wie rhythmisch eingeschlagene Kerbe, aber grundsätzlich zählte eben etwas. [32]

Abb. 2 Australopithecus, der Vor-Mensch
Der Kehlkopf liegt in der gleichen Höhe wie beim Menschenaffen, so dass dieser Hominide im Verhältnis zum Neandertaler nur ein sehr begrenztes Lautspektrum aufwies und damit also wohl nicht sprechen konnte. Aber er konnte ‚im Bilde sein', er konnte – wenn man so sagen darf – ‚sehend wissen'.

Mit den Kerben verwandelte er nämlich die Spur des starken Erlebens, der aufwühlenden Erregung, in ein signifikantes *Zeichen,* er gab dem affekterfüllten Ereignis (Anderes der Sterne) die Kerbe einer Bedeutung als Bedeutung schlechthin (Anderer des Wortes). Er gab ihm – Kerbe für Kerbe – die Bedeutung von etwas-und-noch-etwas-und-noch-etwas, was ein Tier so niemals tun könnte. Jedenfalls musste er für diesen Moment einer Kerbe sich vom Erleben der Jagd kurzfristig lösen, er musste die Handlung, das Geschehen als solches weitgehendst löschen können. Den verbalen Signifikan-

---

[31] Lacan, J., L'identification, Seminaire IX, Sitzung vom 6.12.61

[32] Auch in unserem allgemeinen Sprachgebrauch ist ein Unterschied zwischen dem Zählen im Sinne von Abzählen und dem Ausruf: 'Das zählt'! Hinter letzterem steckt schon eine ganze Rechnung, sozusagen eine Gleichung 2. Grades, eine Wertung, 'Wortung'. Auch in meinem Text wird sich abzählen und 'Es zählt' im Begriff des ‚Zählens' oft etwas überschneiden.

ten zeichnet also der Unterschied als solcher aus, bei dem 'die Beziehung vom *Zeichen* zum Ding gelöscht ist', nivelliert, unsichtbar gemacht. Trotzdem und gerade deswegen zählt´s! Dieser Vorgang muss sehr genussvoll gewesen sein und zudem war er ja auch Erkenntnis. Genießen und Entdecken lagen damals noch sehr nahe beieinander. Für das, um was es in diesem Buch geht, ist damit schon das Wesentliche gesagt. Denn dieser Frühmensch dachte bereits *konjektural*, er kombinierte den Anderen des Wortes mit dem der Sterne, wenn auch sehr simpel (Es zählte ohne elaborierte Zahlen).

Dieses Geschehen schildert auch C. Türcke aus einer anderen Perspektive. Seiner Ansicht nach war es die Bearbeitung von Geröllsteinen zu scharfkantigen Werkzeugen, die vor ca. 2,5 Millionen Jahren einen entscheidenden Fortschritt in der Menschwerdung bewirkt hat. Der Frühmensch hat mit der intensiven Zuwendung zu dieser Arbeit eine enorme 'Verschiebung und Verdichtung von Triebenergie' zustande gebracht, schreibt Türcke, weil er sich statt nur wie wild auf Nahrungssuche zu stürzen sich auch auf diese seine Steinmetzarbeit konzentrieren musste.[33] Eine Million Jahre später – mitten im Neandertalerdasein – kam ein weiterer Verschiebungs- und Verdichtungsschub hinzu: derjenige nämlich, als 'nicht mehr nur Naturmaterialien geformt wurden, die zu etwas *dienen*, nämlich als Mittel zu Nahrungszwecken, sondern auch solche, die für etwas anderes *stehen*: etwas bedeuten, Zeichencharakter haben.' Kerben, die primitive Zahlen sind. Worte, die Sinn und Bedeutung machen. Es hat – so Türcke – geradezu eine innere 'Umkehrung' stattgefunden, wie sie auch Freud für den Begriff der *Urverdrängung* feststellt (die innerseelische ‚Gegenbesetzung').

---

[33] Türcke, C., Philosophie des Traums, C. H. Beck (2008) S. 8 – 10. Die Begriffe Verdichtung und Verschiebung verwendet Freud zur Beschreibung der Hauptmechanismen des Unbewussten (speziell im Traum).

Dieser Begriff der 'Umkehrung' oder der ‚Gegenbesetzung‘, die mit den Begriffen der Verdrängung und Spaltung vergleichbar sind, ist etwas Wichtiges. Die ganze Lebensorientierung des Vor-Früh-Menschen, nämlich sein Blick in die Natur und in die Sterne kehrte sich um und warf ihn in sein neues Dasein. Plötzlich war das *Spricht* da und dann (gleichzeitig) auch noch die Ziffern, die Kerben, die Zeichen der Zahlen. Das, was wir üblicherweise unter Zahl verstehen, die Ziffern, die Zahlenfolgen, stehen nicht so sehr auf der Seite des Sprechens, des *Spricht*, sondern befinden sich immer noch mehr auf der Seite des Blicks, also des mehr Bildhaften, des *Strahlt*, weshalb man ja auch heute den Strahl der unendlichen Zahlengeraden betont, die Bild der Geraden oder auch des Kreises sein kann, da es im Unendlichen einen Umkehrpunkt geben muss.

Plötzlich zählten also für den Frühmenschen die mit Bedeutung aufgeladenen Kerben und nicht mehr nur das Beute machen. Plötzlich hatte er für den Tötungsaffekt (diese *Kraftlinie* einer Erinnerung) ein Wort in Form aneinandergereihter Striche, indem er vorher ja eigentlich gar nicht getötet hat, sondern – man darf es vielleicht so sagen – nur gejagt und getroffen und verzehrt hat! Dieses Kontinuum, die *Zahlenfolge*, der Zahlenstrahl fing an zu zählen, nicht er. Deshalb kann der Signifikant nicht er selber sein, sondern nur *Zeichen* der Umschaltung, der radikalen Vertauschung, Umkehrung. Und eben darin, in diesem wichtigen Vorgang, der das symbolische Vermitteln, das Sprechen (als Löschen der Kraftlinien und ihres sofortigen Wiederauftauchens), also das Signifikantisieren als solches betrifft, sind die Neandertaler uns vollkommen gleich.[34] Auch wir treffen heute oft

---

[34] Modernerweise sagen wir, die Sprache funktioniert durch Phoneme, d. h. letzte differentielle Elemente, von denen keines Priorität vor den anderen besitzt. Sie funktioniert also durch eine nicht zu differenzierende Differenz.

nur, obwohl wir töten! Nur machen wir es umgekehrt: wir wissen genau, dass wir töten, aber wir nennen es – wenn es um Tiere geht – lediglich 'Schlachtbetrieb', Proteinversorgung, Fleischverwertung. Und wenn es Menschen trifft, sprechen wir vom 'gerechtem Krieg' und 'Kollateralschaden' und versehentlichem Töten. Wir zählen Töten und Essen scheinbar nicht zusammen, handeln aber oft so. Dagegen gab es für den Frühmenschen noch ein direkteres Es 'Zählt!' Es 'Rhythmisiert'. Der Andere der Worte und das Andere der Sterne waren ziemlich simpel, primär-primitiv kombiniert, getrennt/verbunden wie heute.

A. Sick zeigte in ihrem Vortrag 'Geisterleben, Menschenessen' sehr plastisch auf, dass der rituelle Kannibalismus der Neandertaler nichts anderes darstellt, als die Erfassung einer individuellen menschlichen Seele.[35] Schließlich isst man seinen Nächsten (oder seinen Feind), um sich – wie es heißt – die 'Kraft' dieser Menschen anzueignen und doch auch gleichzeitig ihre 'Macht' abzuwehren. Man konnte glauben, dass man die 'Macht' durch Aufessen töten, die 'Kraft' aber durch Verdauen assimilieren kann. Auch heute noch glauben viele Leute, dass Fleisch zu essen besondere 'Kraft' verleiht (für die es keinerlei wissenschaftliche Definition gibt, sie ist eine vorgestellte 'Kraft', die eines Geistes), während die moderne Ernährungswissenschaft eher eine ballaststoffreiche Kost aus Vollkornprodukten und Pflanzenfasern als wirkliche Kraftspender empfiehlt und nachgewiesen hat.[36] Wer also an Geister glaubt, ist ein Menschenfresser, so wie der ultraspitzfindige Veganer das Kannibalistische etwas verdrängt.

Der Gourmet-Koch H. This-Benckhard beschreibt genüsslich, wie man die Soße zum Kaninchenbraten nicht mit Mehl

---

[35] Sick, A., Geisterleben, Menschenessen. Die kannibalische Ordnung und ihre magische Wirkung.
[36] Kontrastierend wirkt dazu auch A. Kallhoffs Buch 'Prinzipien einer Pflanzenethik', Campus-Forschung (2002)

oder Ei, sondern mit Blut bindet.[37] Kurz vor dem Servieren muss das frische Blut noch in die Bratensoße gerührt werden, eine Sprache, die die Neandertaler sicher verstanden hätten. Der Autor verrät allerdings nicht, wo man das frische Blut immer parat hat, aber hier geht es ja nicht darum, ob es besser ist, Vegetarier oder Kannibale zu sein. Vielmehr können wir an diesen Beispielen gut sehen, was Signifikanten sind. Denn man spürt in diesem Sprechen vom Oralen, vom Braten und Fressen, von Kraft und Geist sehr schnell, dass der Signifikant *'Blut'* darin teuflesrot aufleuchtet, und This-Benckhard müsste nur noch ein bisschen dazusetzen und übertreiben und schon würden seine pikanten Gourmetgeschichten in ein anderes Metier hinüberkippen: ins Groteske oder ins Makabre einer Blutmahlzeit (Im indischen Pilgerort Muktinath wird Blut aus religiösen Gründen getrunken).

Es kommt ganz darauf an, wie der Signifikant *'Blut'* sich mit den anderen kombiniert, um ganz unterschiedlichen Sinn zu erzeugen. Und Blutmahlzeiten gehörten bei den Neandertalern wahrscheinlich zu den ganz normalen Tischsitten. This-Benckhard führt uns auf Wegen eines modernen Kochbuchs wieder zu ihnen zurück, und bringt er uns nicht tatsächlich viel authentischer diese Frühmenschen wieder nahe, als es DNS-Untersuchungen könnten? Gerade weil er schauriges Blut in sein Essen rührt, kommuniziert doch This-Benckhard in einer sehr oralen, oro-labialen, Schling-Mund-, *Blut*-Schlund-Sprache mit uns, die den Pikanterien einer happigen Erotik nicht fern ist. Als Signifikant und nicht so sehr als Zutat zu einer übersteigerten nouvelle cuisine ist *'Blut'* eben 'ein ganz besonderer Saft', wie es im Faust heißt. Ein blutroter Signifikant! Das zählt anscheinend bei manchen!

Wann immer wir also glauben, dass es eine individuelle seelische Einheit gibt, vom Signifikanten her, von der Kombina-

---

[37] This-Benckhard, H., Kulinarische Geheimnisse, Piper (2001) S. 229

tion der *Strahlt / Spricht* her – genau von diesem oralen
'happig', von diesem Happen *'Blut'* her, den ich als Besonderheit und Saft gerade benutzte, – gehört dies der gleichen
kannibalischen Ordnung an wie eine Totemmahlzeit. Für S.
Freud hat dies also mit dem Wesen der primären Identifizierung zu tun, die sich – wie ich bereits zitierte – vor dem Hintergrund einer assimilierenden Verschlingung abspielt.[38]
Identifizieren ist in dieser Hinsicht immer auch ein bisschen
fressen. Der Fototheoretiker O. Richon spricht bezüglich
dieser Identifizierung durch Kraft-'Übertragung' vom 'oralen Blick', der von Natur aus gefräßig ist.

Auch darin besteht das *Strahlt*, das nicht nur Helligkeit, sondern auch Finsternis repräsentiert. Die Sterne sind nicht nur
Lichtpunkte, es existieren im Universum auch ,schwarze Löcher', die alles verschlingen. Insofern haben die Neandertaler diese gefräßigen negativen Effekte mit den ,rhythmisie-
renden' Worten, ihrer noch recht einfachen ,Spreche' in einer primären Identifizierung aufgehen lassen, lange bevor
man alles so intellektuell und modern verbrämen konnte.
Von daher waren sie vielleicht doch schon weiter als es die
Menschen heute sind, deren seelische Instanzen zwar gereif-
ter, gehobener und intellektuell besser begriffen, aber gespalten und durch Verdrängung nicht mehr kombinierbar sind.

Neurologen haben herausgefunden, dass die Art des Sprach-
apparates, aber auch der Sprachrhythmus, evtl. noch Laute
der Muttersprache (aber am wenigsten der Inhalt), das
Spricht des Menschen bestimmen.[39] Aber ist der Rhythmus
nicht wieder eine Abfolge von – diesmal akustischen – Ker-

---

[38] Dies bezieht sich vor allem auf die erste Art der Identifizierung, die von einer Objektbesetzung nicht zu unterscheiden ist.
Freud beschreibt drei Arten sich überschneidender Identifizie-
rungen. Siehe auch Lacan, J., L'identification, Seminaire IX, Sitzung vom 13.12.61

[39] Spitzer, M., Selbstbestimmen, Spectrum (2003) S. 77-82

ben? Sind wir nicht wieder beim primären *Strahlt / Spricht*? Der vor 3,5 Millionen Jahren lebende Australopithecus africanus (ab) existierte noch zu einer Zeit, als der erste Homo habilis ebenso auf der Welt war, und die beiden waren sich doch so ähnlich, dass der Homo habilis wahrscheinlich selbst große Schwierigkeiten hatte, sich von seinen Vorgängern abzugrenzen, wenn sie sich begegneten. Sie müssen gezittert und gebebt haben, sind sich entweder sofort um den Hals gefallen oder haben sich umgebracht, weil nur die helle und dunkle Seite des Anderen der Sterne existierte.

Ähnlich ist es dem homo habilis aber auch mit dem viel später lebenden homo erectus ergangen, der vielleicht schon sprechen konnte, und dem sich erstere somit vielleicht unterlegen fühlen musste. Trotzdem, auch hier fand diese eigenartige Spiegelung statt, in der es sich um eine paläoanthropologische 'Urszene' gehandelt haben muss, wenn diese unterschiedlichen Frühmenschen sich erblickten und der eine auf den anderen seiner selbst traf, der aber doch ein ganz anderer war. 'Bin ich er, oder ist er ich', mussten sie sich wie auch immer gefragt haben.[40] Aber ein erstes Wort, ein Losungswort, konnte die Situation entspannen.

Erst als der Mensch eine Lautfolge betont und bewusst wiederholen konnte, als er eine Regung, ein Erstaunen, einen Affekt mit der gleichen Lautsequenz noch einmal und dann wieder und wieder mit besonderer Betonung und Bewusstheit von sich geben konnte, war das Symbol, das erste Wort geboren und war der Mensch vollwertig Mensch. Im Vogelgezwitscher sind die Lautfolgen nicht immer konsequent die gleichen, und selbst wenn sie dies sind, so werden sie nicht mit einer Art von Überraschung, zunehmend ernsthafter Betonung und Bewusstheit vorgetragen. Der Evolutionsbiologe C. Wills spricht diesbezüglich von dem mit sich selbst

---

[40] In den zahlreichen Dramen mit dem Titel ‚Amphitryon' wird dieses Erkennungsspiel bis zum geht-nicht-mehr ausgelotet.

'durchgegangenen', 'vorauseilenden Gehirn',[41] dass ihn zu solchen Äußerungen gezwungen habe. Die Vergrößerung, Vorauseilung seines Gehirns, die komplexere Gruppendynamik (zu der auch die längere Abhängigkeit von der Mutter gehört), aber vor allem dieses aufsteigende Identitätsproblem zwangen diese Frühmenschen zur völligen Umorientierung, ja manchmal zum 'Durchdrehen' (Umkehrung). Es entstanden inmitten der ersten *Kraftlinien* primärster Signifikanten auf dem visuellen Feld (wie ich es bereits erörtert habe) die ersten Worte.

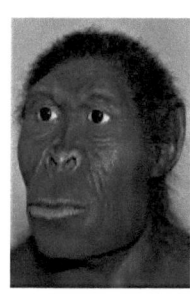 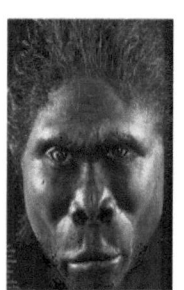

Abb. 3 Für den Homo habilis (rechts) und den eine Million Jahre später und doch noch gleichzeitig lebenden Homo erectus (links) sind die sichtbaren Unterschiede nicht so gravierend. Dennoch konnten sie speziesbedingt keine gemeinsamen Nachkommen haben und mussten sich sehr konsterniert begegnet sein.

Auch wenn manche meiner Aussagen spekulativ erscheinen, aber es geht ja nur um diesen Komplex des *Spricht / Strahlt*, des Anderen der Worte und der Sterne, wobei diese beiden Grund-Triebe oder Signifikanten natürlich keine direkt fassbaren Gegebenheiten darstellen, und dennoch s i n d sie. Es ist nicht nur so, dass wir sie uns so denken müssen, wie der Philosoph sagt, sondern wir können sie direkt erfahren. Denn – um mit Freud zu sprechen – sie stellen ja das Primärprozesshafte, Vorstellungsrepräsentative, zweier Grund-Triebe dar und man muss nur ein bisschen regredieren (wie z. B. kurz vor dem Einschlafen oder bei der Anwendung der *Ana-*

---

[41] Wills, C., Das vorauseilende Gehirn, Fischer (1996) S. 20

lytischen Psychokatharsis, um ein visuelles Flimmern oder ein fast körperliches 'Durchrieseln' wahrzunehmen, also ein ursprünglichstes Imaginäres, das Ausgangspunkt für ein ebenbürtiges Symbolisches ist.

Trotz allem: die Neandertaler waren uns ebenbürtig, und zu behaupten – wie dies in einer neueren Veröffentlichung geschehen ist – der Neandertaler wäre dem modernen Menschen an 'Schöpfergeist unterlegen gewesen', ist eine Böswilligkeit.[42] Die Neandertaler hätten eine 'fremde Intelligenz' besessen, heißt es weiter. Das könnte stimmen, denn sie besaßen weniger Gene, 'die für zentrale Aspekte des menschlichen Geistes eine entscheidende Rolle spielen: Abstraktes Denken und Kreativität, rationale Realitätskontrolle und soziale Intelligenz . . .' Aber genau diese Gene machen die Menschen auch besonders anfällig für Autismus, Schizophrenie und andere erhebliche Störungen, wie im gleichen eben zitierten Artikel beschrieben wird. Mit anderen Worten: die Neandertaler besaßen noch die simple Form des konjekturalen Denkens,[43] d. h. einen direkten Zugang zur menschlichen Intelligenz, der noch nicht von zu viel Denken und Rationalisieren getrübt war. Ihr Schöpfergeist war noch sehr primär, sie waren selbst 'Götter'!

Trotzdem – oder vielleicht eben deshalb – kann uns ein derartiges Trieb-Struktur-Konzept für unser weiteres Vorgehen ein gutes und einfaches Modell liefern, das uns besser durch viele wissenschaftliche Probleme führen kann als der Begriff einer 'ursprünglichen Unreinheit' oder andere Konzepte, in denen man z.B. versucht die 'Visibilität' (*Strahlt*) der 'Textualität' (*Spricht*) als den 'nahezu perfekten Chiasmus'

---

[42] Bahnsen, U., in der ZEIT vom 12. 5. 10, S. 39, wo der Harvard Professor George Church mit dieser Aussage zitiert wird.
[43] Czarnetzki, A., Archäologie Nr. 6 (2001)

(Kreuzung, Gegenüberstellung) gegenüber zu stellen.[44] Damit habe ich aber auch einen Grundstein legen wollen für das, um was es in diesem Buch letztlich gehen soll: ein psychologisches Verfahren, eine Methode zur Optimierung von Wahrnehmung und Selbsterfahrung, eine Erneuerung der Psychoanalyse bzw. der Wissenschaften, die sich um dieses Problem herum bewegen. Denn damit das Wissen wirklich zählt, muss es in seinen Signifikanten voll erfasst werden. Es genügt nicht, dass man nur richtig weiß – wie an der Universität – sondern man es auch gut und treffend sagt. Im Originalton wie die Neandertaler, aber auch wissenschaftlich wie wir es heute brauchen.

So könnte man – um zu diesem originären (und später dann zu einem elaborierteren) *Strahlt / Spricht* zu gelangen – vielleicht wie James Joyce reden, der uns in seinem 'Ulysses' gleichzeitig mit der Schilderung, wie der Hauptakteur L. Bloom sich seine eben frisch gekauften Nierchen im braunbruzelnden Fett heraus brät, auch noch diesen dabei entstehenden leichten, zärtlichen Uringeruch um die Nase wehen lässt und uns zudem noch dessen Gedanken mitteilt – schrillschillernde Dichtung dieses literarischen Krönungswerkes! Doch der Dichter bleibt eben Dichter und nicht Wissenschaftler oder Psychonalytiker wie etwa G. Harrus-Rédivi, die sich noch deftiger ausdrückt als This-Benckhard. G. Harrus-Révidi sagt es allerdings wieder so gut, dass es fast nicht mehr stimmt. Sie sagt es gut, aber weiß es nicht richtig.

Sie belebt, indem sie psychoanalytisch die Lust am Essen mit der am Wort zusammenbringt, eine geradezu neandertalerische Direktheit der Kommunikation wieder.[45] Auch sie

---

[44] Silverman, H., Textualität und Visibilität, in Wetzel, M., Der Entzug der Bilder, W. Fink Verlag (1994) S. 37, wo der ideale Chiasmus mit dem *Zeichen* X geschrieben wird.
[45] Harrus - Révidi, G., Die Lust am Essen, eine psychoanalytische Studie, DTV (1998)

betont die zentrale Vermittlerrolle der Innereien und zitiert Rabelais, bei dem 'der Appetit auf Kutteln als Erfüllung einer körperlichen Lust dargestellt wird, die mit einem undefinierbaren Makel besudelt ist, der ihr einen um so größeren Reiz verleiht'. Er mochte den Bauch der Tiere', schreibt Rabelais in seinem 'Gargantua und Pantagruel', wo betörender Geruch aus dem Inneren von Waldkaninchen oder den Eingeweiden der Waldschnepfe dingt und die Fische wiederum leuchtend rote enthielten und Eier, die unter den Zähnen knirschten. Wie lustvoll müssen die Neandertaler gesprochen haben, wenn sie miteinander ihre fleischlichen Rohheiten schmatzten und schwatzten! Doch G. Harrus-Révidi scheint mir noch in der kannibalischen Ordnung zu stecken. Ihr Sagen ist ein Verköstigen, eine orale Orgien-Geschichte. Sie bringt den Anderen des Wortes und das Andere der Sterne nur auf dieser Ebene zustande. Für eine Wissenschaft reicht das nicht.

Lacan versucht mit dem bedeutenden Anderen ohne Querstrich, also demjenigen, der nicht die *Objekt*e (die anderen mit kleinem a) genießt, so wie wir in unserer Konsumlust und der Neandertaler in seiner Oralität es tun, sondern das Wissen. Dieser groß zu schreibende reale Andere, der eher so etwas wie ein Gott, ein Fremder oder der Sprachverarbeiter im Unbewussten (der Ort der Entstehung der Sprache, die Schatzkammer der Signifikanten) ist, genießt nämlich das Wissen als solches, als das, 'was einem von sich selbst fehlt von Grund auf zu Grund auf',[46] als radikale sprachliche Differenz, als beredter Schatten. Es ist eine Botschaft, die wie von jenseits her erklingt und doch die eigene ist, weil sie Wissen ist, Unbewusstes, Essenz, geistiges Mark, 'transzendentes Fleisch'. Denn mit diesem Anderen und nur im Genießen selbst (das immer einer uralten Wahrheit entspre-

---

[46] Lacan, J., L`envers de la psychanalyse, Seminaire XVII, ed. seuil (1991) S. 12 und L`angoisse, Seminaire Nr. X S. 129

chend essenzhaft, 'fleischhaft' ist) kann man sich austauschen, wenn man die Psychoanalyse oder die Kognitionswissenschaften, kurz: die modernen Wissenschaften zwar nutzt, aber schließlich im Sinne einer neandertalerischen 'Wortechtheit' und Elementarität sie auch neu formuliert, *signifikantisiert*.[47]

Kurz zusammengefasst: Das, *Strahlt / Spricht*, 'Schauen' / 'Sprechen' sind – so geschrieben mit dem Schräg-, Bruchstrich in der Mitte und abgeleitet aus dem Freudschen Trieb / Struktur-Konzept – ein Grundkomplex des Menschseins, Spiegel / Symbol per se. In einer primären, 'primitiveren' Form hatten die Frühmenschen daran schon genau so Anteil wie wir heute. Wir haben es zwischenzeitlich zu einer etwas elaborierteren Form dieser Kombinatorik gebracht, wenn wir auch immer wieder in diese Frühform der 'kannibalistischen Ordnung' zurückgefallen sind und auch noch immer wieder fallen (siehe die fast hundert Millionen gemordeter Menschen in den Kriegen und Verfolgungen der letzten hundert Jahre). Das Problem ist, dass wir sowohl die primäre wie die elaborierte Form dieses Komplexes, dieser Kombinatorik, brauchen, denn sie gehören beide zusammen.

Um sie aber in einer einheitlichen Weise zusammenzubringen genügt es nicht, sie in Natur- oder Geisteswissenschaften zusammenzuflicken. Man muss ein eigenes Denken dafür entwickeln, dass ich das *konjekturale Denken* nannte, jetzt aber mit der zweifachen Ordnung im Unbewussten als den Anderen des Wortes und das Andere der Sterne bezeichne. Das darin enthaltene Nichtdenken (das aber dennoch das sternengleiche, das verpixelte Wissen ist) entspricht ein bisschen dem Vorgehen des Neandertalers, während das ebenso darin enthaltene 'gerichtete' Denken mehr uns modernen

---

[47] 'Das Wissen ist ein Phantasma, nur gemacht für das Genießen', Lacan, J., Ornicar ? 28 (1984) S. 7-18. So etwas ist mit dem natürlichen Fleisch nicht zu haben, aber jenseits davon.

Menschen zugehört (die wir den Worten und der in ihnen steckenden Andersheit, z. B. lügen zu können, verfallen sind). Durch eine Formulierung, die an der Grenze der symbolischen und bildlichen Ordnung steht (die bereits erwähnten *Formel-Worte*) werde ich eine Möglichkeit anbieten, die Kombination beiden Komponenten (Logik und Kontemplation) eigens erlernen zu können, Denn wir benötigen heute weniger ein ‚Empört euch‘,[48] sondern ein ‚Erlernt euch‘! Erlernt in und mit euch die neue Wissenschaft dieser zwei Grundprinzipien psychischen Geschehens!

.

---

[48] Hessel, S., Empört Euch! Ullstein (2011)

1. 3 Liebe als Erkenntniskategorie

Wir unterstellen dem Anderen das Wissen, z. B. dem Universitätslehrer, und müssen dann immer wieder feststellen, dass dieses Wissen nicht relevant genug ist. Der Professor selbst versucht sich als Subjekt auf eine meist ungeschickte Weise aus dem Spiel zu lassen (er soll ja objektiv sein!), und so muss immer wieder neu und mehr gewusst werden, um die Relevanz des Wissens gegenüber der ja auch notwendigen Wahrheit zu verbessern. So wird jedoch die eigene Subjektbezogenheit nicht berücksichtigt. Diese Handhabung des Wissens verhält sich beim Psychoanalytiker etwas anders. Man unterstellt zwar auch ihm in seiner Position das Wissen, er muss aber selbst zusammen mit seinem Patienten erst durch mühsames Durcharbeiten des jeweils eigenen Unbewussten das wahre, authentische Wissen erobern. Erst dann – nach langer und gelungener Analyse werden sie dahin kommen, Entdecken und Genießen wieder im Zusammenhang und in elaborierterer Form zu erfahren (während der Neandertaler dies in primär-primitiver (kathartischer) Form bereits konnte). In der *Analytischen Psychokatharsis* geht man von vornherein davon aus, dass das Unbewusste weiß und so muss man mit ihm in solch einen direkten, kathartischen Zusammenhang treten, um dann den analytischen Teil folgen zu lassen.

Dies ist möglich, weil das Unbewusste w i e eine Sprache strukturiert ist, es ist geradezu das sprachliche w a s des realen Anderen (das ‚w i e strukturiert' bezieht sich auf das Andere der Sterne, das w a s der Sprache auf den Anderen der Worte), und so stellen sie beide zusammen den realen Anderen dar. Doch auf dem Weg von den noch weitgehend getrennten Aspekten dieses endgültigen und vollwertigen Anderen gibt es Zwischenstufen. Denn so sehr die Struktur des Unbewussten beim Neandertaler genauso wie beim modernen Menschen aufgebaut war, liegt ein unterschiedlicher

Umgang in dessen Syntax, Elaboriertheit, Phonematik, Prosodie, Allegorie und anderen Merkmalen bis hin zur Mathematik. Die Prosodie z. B. besteht in der Laut-Klanglichkeit, Akzentuierung und Betonung, und sie wird auch von Kleinkindern beim anfänglichen Spracherwerb benutzt.[49] Die Neandertaler benutzten vielleicht nur zwei, drei Vokale und ein paar Konsonanten und zwar in einer Form, die die Sprachforscher 'Vokanten' und 'Klosanten' nennen: Gurrlaute, ein nasales m / n, ein herausplatzendes p / b, Brabbelartikulationen, schallendes, herausstoßendes Sich-vernehmen-lassen. Sie drückten sich also dabei viel direkter aus – man könnte fast sagen: sie erzählten sich, sie waren ideale Analysanden. Ich komme auf Einzelheiten noch ausführlich zurück, denn insofern sie ideale Patienten, Analysanden, Von-Sich-Weg-Artikulierer waren, mangelte es ihnen natürlich noch massiv daran, auch ideale Analytiker zu sein! Aber dafür waren sie in dem, was ich mit dem Verfahren der *Analytischen Psychokatharsis* vermitteln möchte, weitaus fortgeschrittener als der heutige Therapeut. Sie waren sie recht authentisch, 'ur-lautig', drastisch klar und stets nah an der Wahrheit.

Sicher lebten sie noch in einer animistischen Welt. Alles war irgendwie von eigenen Wesen belebt. Der Wind, die Vielfalt der sie ständig umgebenden Tiere, das Hereinstürzen eines Wassers, das Ausbrechen eines Feuers, repräsentierte für sie ständig ein aufregendes Theater, ein Spektakel. Die 'Laute' der Natur waren auch ihre 'Laute', jedoch stellte alles zusammen eine Gemeinschaft dar, in der diese Laute besonders kombiniert eine Art von lautmalerischer, geräuschechter, wenn auch niemals so differenzierter und wahrscheinlich – was den Inhalt angeht – auch zehnmal langsamerer und umständlicherer Verständigung ergaben. Vielleicht sagten sie vieles vorwiegend im Imperativ, weil alle Symbol-Sprache

---

[49] Dittmann, J., Der Spracherwerb des Kindes, C.H. Beck (2002) S. 11-16

am Anfang sehr stark vom Imperativ beherrscht ist. P. Sloterdijk spricht von dieser Menschwerdung als 'distanzerzeugender Selbsteinschließung': in ihren Lauten, in ihren Geisterblicken, konnten sie sich von der übrigen Natur auch distanzieren,[50] aber sie schlossen sich noch in den eigenen Wahrheiten und Echos (dem *Spricht*) ein, während wir uns heute in den Narzissmen und Banalitäten (dem *Strahlt*) einlullen.

Die Frühmenschen tauschten sich also vielleicht mehr im Originalton aus, so wie es etwa Ezra Pound gedichtet hat: 'Die Worte raspeln: Hülsen von Hülsen gedroschen. Der Lebende, aus Verliesen und Ländern rüttelt an trockenen Schoten, stochert . . .'[51] Es lispelt und zischt und rattert in seinen Versen. Doch dass E. Pound so geräuschecht gedichtet hatte, bezahlte er leider mit einem Leben in der Psychiatrie. Es ist eben nicht so einfach und gefahrlos, sich mit dem Ur- 'Sprechen' und dem Ur-'Schauen' der Menschen zu beschäftigen. Es ist fast unmöglich, dass man sich – gestützt auf wirklich wissenschaftliche Befunde, allein auf Paläoanthropologie z. B. – in das Leben der Neandertaler hineinversetzen kann, und E. Pound, der in seinen Cantos mehrere Sprachen und Urlaute ineinander verwirbelte, konnte da leicht scheitern. Aber lehrreich in diese Richtung sind seine Dichtungen allemal. Wir heute ,raspeln' und ,rütteln' nicht mehr, wir leiern Behördensprachen herunter.

Ich versuche einen Weg vom damals zum heute zu geben, vom 'Geräuscheln' zum modernen Sprechen eine Brücke zu finden, wo es – wie ich sagte – für alle gleichermaßen zählt. Allein die Korrelation von Subjekt zu Subjekt, oder – wissenschaftlicher ausgedrückt – 'von Signifikant zu Signifikant, vom Imaginären zum Symbolischen, kann einen Maß-

---

[50] Sloterdijk, P., Sphären III, Suhrkamp (2004) S. 359
[51] Pound, E., Cantos 1916-62, DTV (1964) S. 23

stab angeben' für das, was wir suchen.[52] Bei Lacan hat es noch geheißen, dass ein Signifikant ein Subjekt für einen anderen Signifikanten repräsentiert, aber weil niemand weiß, was das heißen soll, führe ich dies weiter mit dem Anderen der Sterne, der durch Übungen meines Verfahrens einen auf sich als Subjekt bezogenen Menschen, für den Anderen der Worte repräsentiert, und so zur Reife, zum Ziel führt.

Diese beiden Signifikanten sind wie eine Reise mit unbekanntem Ziel, insofern sie auch engsten Bezug zum Tod haben. Und von daher verstehen wir den Neandertaler wiederum sofort, wenn er seinen Toten bereits Grabbeigaben mitgab. Denn der Tod von seinesgleichen war eine ganz große Kerbe, eine gewichtige Einkerbung in seinem Leben. 'Was der Existenz des Signifikanten, seiner Anwesenheit in der Welt zugrunde liegt . . . ist der Tod'.[53] Auch C. Türcke weist darauf hin, dass Bestattungen und Gräber einen entscheidenden Schritt zur Menschwerdung darstellten.[54] Dank dieser letztlich immer irgendwo verbalen und imaginären Signifikanten, sind wir in der Lage, alles Erleben, alle Gefühle, ja Gedanken auf die Seite zu stellen und nur über diese Brücke die menschlichen Beziehungen zu ordnen (mit der Todesangst oder Todesgewissheit im Hintergrund). So kann man mit der Signifikanz des Todes leben, ohne ihn dauernd wirklich sterben zu müssen, was auch den Neandertalern schon bekannt war.

Wegen all dieser Probleme sagt der Neandertalerforscher T. Appleton zu Recht, dass man nur mit 'Liebe' den Neandertaler verstehen kann. Man muss ihn lieben, jede Wissenschaft – auch diejenige, die ich versuche – versagt hier, und so muss man einfach zur vollkommenen Sympathie und Identi-

---

[52] Lacan, J., Schriften II, Walter (1980) S. 26

[53] Lacan, J., La Relation d'objet (Die Objektbeziehung), Seminar Nr. IV 1996) S. 48 (Übersetz. G. Schmitz S. 31)

[54] Türcke, C., Philosophie des Traums, C. H. Beck (2008), S. 10

fikation mit dem anderen zurückkehren, um überhaupt ein bisschen von diesen Frühmenschen zu erfühlen und zu erfassen. 'Wir haben keinen Grund, uns über die Neandertaler zu erheben', schreibt Appleton. 'Der amerikanische Anthropologe Milford Wolpoff sagt, er sehe einen Neandertaler jeden Tag – wenn er in den Spiegel blicke. Man hat diese Aussage als Witz gewertet. In Wirklichkeit zeigt sich darin ein tiefer philosophischer Ernst, eine Bereitschaft, dem Neandertaler mit Liebe zu begegnen. . . . Das Wort Liebe ist keine paläoanthropologische Kategorie und klingt in diesem Zusammenhang verdächtig nach Esoterik. . . Doch dem Neandertal-Menschen mit Liebe zu begegnen bedeutet einfach, sich einer kognitiven Erfahrungsmöglichkeit zu bedienen, welche

bisher noch nicht in ausreichender Form genutzt worden ist'.[55]

Abb. 4 Neandertaler

Liebe ist so gesehen der wichtigste Signifikant, den es gibt, auch wenn er den Hass und den Narzissmus miteinschließt. Denn dieser Begriff von Liebe ist nicht allein mit einem Gefühl erfasst. Er ist tatsächlich nur in der Kombination von Signifikanten (des Anderen des Wortes und der Sterne) erfassbar. Er ist nur in einer Ausdrucksweise mitteilbar, die selbst diese Getöntheit des langen ie´s, und das Losgelöste des L´s und des b´s mitenthält. Sicher ist er auch nicht in delirierenden 'spirituellen' Hochgesängen zu erfassen, nicht im Verliebtsein und nicht in der ethisch hochgehobenen Anstands- oder Nächstenliebe. Wenn wir zur Menschentstehung zurückwollen, bedarf es tatsächlich eines großen

---

[55] Appleton, T., Warum verschwanden die Neandertaler? Heyne (1999) S. 30

Maßes an Liebe als Erkenntniskategorie, als 'kognitiver Erfahrungsmöglichkeit'. Nur, Liebe wie – konkret?

In der Psychoanalyse kann es nur um die Form der „detached love" gehen,[56] was vom Übersetzer dieses psychoanalytischen Artikels mit ‚getrennter Liebe' übersetzt wurde. Ich würde eher von einer losgelösten, abgeschminkten, respektvollen Liebe reden, von einer Liebe, die aus dem Hintergrund, aus einer leichten Distanz heraus wirkt, indem sie sich nicht aufdrängt und sich als solche auch nicht zu erkennen gibt. Doch exakt dadurch ist sie wirksamer als alles andere. Nun muss man das Ganz nur noch verlagern in die „detached love", die in dem Verfahren der *Analytischen Psychokatharsis* selbst liegt, weil sie wissenschaftlich begründet ist, verlagern also auch in eine Liebe zur Wissenschaft. Appleton hat recht, dass hier eine Kategorie in der ihr selbst zustehenden Weise eingeführt werden muss, um im eigentlichen Sinne die Wissenschaft der Paläoanthropologie zu betreiben. Dies kann – so könnte man es auch sagen – nur eine solch losgelöste 'der Liebe unterstellte Wissenschaft' sein. Ohne Liebe als Erkenntniskategorie – freilich in einer noch klarer zu bestimmenden Weise – hätten diese Zeilen keinen Sinn. Mit objektiven Zeichen kommt man hier nicht weiter.

Selbstverständlich kann man sich fragen, warum man bis zum Frühmenschen zurückgehen muss, gleich hunderttausend oder evtl. auch noch mehr Jahre und auch noch mit der 'kognitiven Erfahrungsmöglichkeit' Liebe, um etwas über uns selbst zu lernen? Genügt es nicht, dass wir noch etwas unvollständige Vorstellungen der Frühmenschen haben können und fertig? Genügt es nicht, dass man eben nur ein paar elementare Dinge wissen kann und ansonsten in eine Psychoanalyse geht, wo man die Hassliebe, den Narzissmus, zu romantische zu abgründige Liebe einschließlich der erwähn-

---

[56] Kohon, G., Love in a time of madness. In Green & Kohon: Love and its vicissitudes, Routledge (2005) S. 41 – 100.

ten Übertragungsliebe weganalysiert, sie auf ihre infantil-
sexuellen und aggressiven Wurzeln hin untersucht und somit
auflöst. Nein, ich glaube nicht, dass dies alles genügt. Neben
den von Freud als Triebe bezeichneten Strebungen gibt es
auch die Sublimierung, die Strebung zur Verfeinerung, Ver-
geistigung, Erhebung und Ähnliches: Kunst und Wissenschaft zum Beispiel, aber auch Selbstsublimierung, wie sie in
der *Analytischen Psychokatharsis* zur Anwendung kommt.

Freud hat diese Sublimierung auch dem Eros-Lebens-Trieb
zugeordnet, indem sie eine ‚desexualisierte‘ Form desselben
ist. Warum nicht, das kann man so stehen lassen, es kommt
auf dasselbe wie die ‚detached love‘ heraus. Nun liegt bei
der Liebe zum Frühmenschen und zum Neandertaler trotzdem noch ein besonderer Aspekt vor: die Gestalt, das Objekt
dieser Liebe ist so weit weg und so unerreichbar fern. Doch
gerade dadurch lässt sie sich gut vergleichen mit der ‚detached love‘ in der Psychoanalyse, denn das Unbewusste ist
ebenso weit weg, fern und schwer erreichbar, und exakt diese Teile des Unbewussten kann man nur einkreisen, wenn
man sie auch von den Urzeiten her versteht.

Sicher ist ein so abstraktes Konzept zweier Grundprinzipien,
Grundtriebe, sehr simpel und erscheint vielleicht sogar ganz
abgehoben wie eine Mathematik, die mit der Null und der
Eins auskommt. Eigentlich könnten wir uns statt mit der
Vergangenheit der frühen und der Psychoanalyse der heutigen Menschen auch mit den zukünftigen beschäftigen so gesehen mit zehn Zeilen begnügen. Man müsste z. B. lediglich
auf einige neuere Werke der Kognitionswissenschaft hinweisen,[57] in denen auch nichts anderes steht, als dass man nur

---

[57] Wiener, O., Probleme der Künstlichen Intelligenz, Merve
(1990) S. 106 , wo der Autor sagt: Menschen ‘sind Maschinen
im Sinne der Turingmaschine, die man als Komponenten eines
umfassenderen Systems aus solchen Maschinen (eines `Ora-
kels´: das Universum) aufzufassen hat.’

sprachverarbeitende (*Spricht,* den Anderen des Wortes) und bildverstehende (*Strahlt,* das Andere der Sterne) Algorithmen in den Computer eingeben und dann das Programm starten muss.

Aber so einfach natürlich lässt es sich aus zweierlei Gründen nicht machen. Das Faszinierende an den Kognitionswissenschaften ist tatsächlich ihre an einem Computer oder sonst wo abbildbare Welt, die, wie wir noch sehen werden, den gerade benannten Prinzipien von *Strahlt* und *Spricht* genügen – sie drücken es nur viel besser in der Sprache der Informatik aus – und dann, wenn man alle Beschreibungen durchgearbeitet hat, kann jeder selbst weitermachen. Doch halt! Eigentlich können eben nur die weitermachen, die selber wiederum Kognitionswissenschaftler sind, denn Fachkenntnisse in Informatik, in künstlicher Intelligenz und Mathematik sind unabdingbar! Das ist der eine Grund, in dem sich meine Anleitung zur Erschaffung des vollwertigen Anderen unterscheiden soll, indem jeder es weiterführen kann, weil es von den Prinzipien ausgeht, die für jeden als Prinzipien fassbar sind, also als das, was Freud eben *Triebe* (Schautrieb und Sprechtrieb) nennt, und ich einfach *Strahlt* und *Spricht,* Andere des Wortes und der Sterne, nennen will. Trotzdem will ich den Wissenschaften bis in den Buchstaben hinein folgen, denn ohne eine strenge Anbindung an die Wissenschaften lässt sich kein neues Verfahren zur Selbsterfahrung und Selbsttherapie begründen.

Der andere Grund hat mit der Ansicht zu tun, dass der zwanghaft mit seinem Objekt verbundene Fachmann eigentlich der Tod der Wissenschaft ist, was z. B. vehement von dem Computerwissenschaftler J. Weizenbaum vertreten wurde. So sehr er für die Vernunft an sich ist, wendet sich Weizenbaum gegen den 'Imperialismus der instrumentalen Vernunft', gegen die totale Vercomputerisierung des Menschen, so z. B. auch gegen die automatische, computergestützte Erkennung des menschlichen Sprechens[58]. Er fordert eine Ethik in der Wissenschaft. Aber er kann eine solche nicht aus dem wissenschaftlichen Denken selbst, das er selber als so wesentlich beschwört, direkt heraus begründen, und da liegt der Fehler. So recht er hat, dass das nackte wissenschaftliche Kalkül sich nicht selbst rechtfertigt, so benötigen wir doch gerade eine Ethik, die sich aus dem Diskurs der Wissenschaft in direkter Linie selbst ableiten lässt, denn jede moralisierende oder sonst irgendwoher gezauberte Ethik ist unwirksam, ist abwegig und passé. Eine wirkliche Ethik kann nur zustande kommen durch die 'Teilnahme des Subjekts', auch jedes einzelnen Subjekts, also durch die erwähnte Priorität einer für alle geltenden Teilnehmerperspektive am wissenschaftlichen Vorgang selbst.

Weizenbaum kann aus dem reichen Schatz seines Wissens heraus nicht begründen, warum die computergestützte Erkennung des menschlichen Sprechens so unethisch sein soll. Gewiss erschrickt man, wenn man die wissenschaftliche Literatur der letzten 20 -30 Jahre studiert, vor der Unzahl neuerer Wissenschaften wie der Kognitionswissenschaft, Informatik, Künstliche Intelligenz, Chaostheorie, neuere Mathematik, den vielen Schulen der Psychoanalyse usw. Andererseits bemerkt man jedoch sehr schnell, dass alle Wissenschaften das grundlegende Doppelprinzip durchzieht: Auf der einen Seite die Welt des Visuell-Imaginären als solches, die Erfahrung und Erforschung des Bildhaften, Film, Wahrnehmung, Traum, optische Modelle, Identität, Bewusstsein etc., genauso wie auf der anderen Seite die Welt des Symbolisch-Verbalen, die Sprachforschung, Linguistik, Rhetorik, Literaturwissenschaft, die Wissenschaft des Unbewussten, Informatik und andere mehr. *Strahlt* und *Spricht* könnten also Prinzipien, *Triebe*, sein, die einfach genug sind, dass jeder

---

[58] Weizenbaum, J., Die Macht der Computer und die Ohnmacht der Vernunft, stw (1994) S. 353

in einer wissenschaftlichen Weise sich mit ihnen auseinandersetzen und somit selbst der Frage der Ethik sich stellen kann.

Wichtig ist nur, dass man den Begriff des Anderen davor setzt, denn dadurch bekommen alle genannten Begriffe eine Gewichtung in den Bereich des Subjektbezogenen. Das Andere optischer Modelle, der Identität oder des Bewusstseins beispielsweise bezieht sich nicht auf die einfachen Gegebenheiten. Das Bewusstsein, sagen Neurowissenschaftler und KI-Forscher, ist nichts anderes als eine besonders komplexe Spiegelung von Informationsverschaltungen. Diese können laut der Theorie des ‚global neuronal workspace' im Gehirn aber auch schon in nächster Zukunft im Computer erzeugt werden.[59] Mag sein, im Computer jedoch fehlt das Unbewusste, das Subjekt in seiner Andersheit. Der Computerwissenschaftler lässt sich selbst aus dem Spiel. Er kann mit dem auf der Festplatte installierten Bewusstsein spielen so wie man auch mit Tieren spielen oder sie sogar zur Arbeitsverrichtungen einsetzen kann, denn auch Tiere haben Bewusstsein. Doch das unbewusste Andere der Sterne und den unbewusst Anderen des Wortes, diese zwei Signifikanten kennen die Neurowissenschaftler nicht.

Der Andere des Wortes besteht nicht einfach nur aus Rhetorik und Linguistik. Er besteht vorwiegend aus dem Unbewussten, wo Es – wie ja nun reichlich zitiert – *Spricht*. Seinem Text ist anzumerken, dass an ihm etwas Wesentliches ist ohne alles zu sehr verstehen müssen, wesentlich genau im Sinne der der Liebe unterstellten Wissenschaft. Denn dies kann mehr Effekt haben, als alles bis zum Geht-Nicht-Mehr erfasst zu haben und keine beunruhigende Anregung daraus ziehen zu können. Zu Recht sagt J. Lacan, dass etwas zu klar, zu betont und eindeutig zu sagen, was man meint, eine

---

[59] Koch, C., Was ist Bewusstsein, Spektrum der Wissenschaft, Nr. 2 (2020), S. 12-17.

Lüge ist. Man spürt dann nämlich zu drängend die dahinterstehende Absicht, den Empfänger der Botschaft auf jeden Fall überzeugen, überreden zu wollen. Dabei liegt die Wahrheit doch immer offen zutage. Zwischen den Zeilen, zwischen Textualität und Visibilität, in der 'Lautung' des Anderen des Wortes und der 'Sichtung' des Anderen der Sterne, enthüllt sich ihr wahrer Sinn. Doch man muss dies erlernen.

Es soll in diesem Buch nur um die Entwicklung der *Analytischen Psychokatharsis* gehen, die ich im wissenschaftlich konkretesten Sinne eine Anleitung zu Selbsterfahrung und Selbsttherapie nenne, d. h. ein Übungsverfahren, ein kleiner Apparat, mit dem vor allem die Beziehung zwischen diesen beiden Grundtrieben, Grundelementen erneuert werden kann (D. h. das/der Andere als wirklich Andere*(r)(s)* gefasst werden kann). Das Verfahren so plausibel, so wissenschaftlich klar wie möglich zu machen, benötigt etwas Text, weil es dann also auch beim Anwenden, bei den extrem einfachen Übungen, von entscheidendem Vorteil ist, wenn man in die Methode volles Vertrauen hat und absolute Sicherheit garantiert ist. Eine wissenschaftliche Methode ist selbst mitten im Moment ihrer Anwendung immer wissenschaftlich überprüfbar und erneuerungsfähig und braucht sich nicht an die Autorität eines Gurus klammern, noch in überholter, erstarrter Wissenschaftlichkeit oder gar Dogmatik verharren.

1. 4 Die eigenartige Sprache der Wissenschaftler

Signifikantes 'Schauen' (was ich also auch ein Es *Strahlt*
nenne) heißt nicht nur Blicke ausschicken, apperzipieren, die
Umgebung minutiös abfotografieren, abfilmen, optisch ab-
pausen; es meint auch nicht nur die Empfindung eines visuellen Kitzels, eine höhere visuelle Erfahrung, oder etwas mit
sich steigernder Ästhetik wahrnehmen, hineinsehen, projizie-
ren – und doch, könnte man sagen, ist dies alles und noch
viel mehr darin enthalten. Das Es *Strahlt*, eine Art primären
Wahrnehmens, der imaginäre Signifikant, ist etwas Wesen-
haftes, ein elementarer Grundvorgang, ja ein Sein, ein Trieb.
Der englische Psychoanalytiker S. Akhtar beschreibt dieses
Phänomen so: ‚Wahrnehmungsidentität (Perceptual Identity)
bezieht sich auf das seelische Beharren (insistence) auf der
ständig wiederholten Suche nach dem Objekt, das eine wirklich zufriedenstellende Entspannung gewährleistet (discharge
of tension).' ‚Es ist', schreibt er weiter, 'als ob das Gefühl
der Befriedigung mit der Wahrnehmung dieses Objektes
identisch geworden wäre.' Das Andere der Sterne hat Vor-
rang vor dem Anderen des Wortes.

Wenn man also ein Objekt durch dieses primäre, signifikante
‚Schauen' völlig einkreist, macht man es auf diese Weise eigentlich erst zum wirklichen Objekt. Vorher ist es nur ein
‚Zu-Sehendes', ein Irgend-Etwas. Es geht um eine Grundkraft, um den *Schautrieb*,[60] um die *Kraftlinien* von etwas Ur-
sprünglichem, ein Es *Strahlt*. Der imaginäre Signifikant des
wahren 'Schauens' – wenn ich dies einmal so formulieren
darf – ertastet sich geradezu die Umgebung, verkostet die
Farben und die Schattierungen, modelliert das Design der
Dinge und lässt die Lust einer Schau, einer Kontemplation
sich entfalten, während es sie gleichzeitig zu einem Real-

---

[60] So Freuds Bezeichnung, wobei es hier um den sogenannten
'Primärprozess' dieses Triebes geht.

punkt hin fixiert, sie also nicht nur zu einer Wahrnehmung, sondern auch zu einer ‚Wirklich-Nehmung' hin formt, zu einer totalen Erfahrung. Auch hier soll der Neandertaler schon ein perfekter Vorläufer gewesen sein, denn sein Seh-Gehirn (Seh-Rinde) war viel ausgedehnter als unseres.[61] Er blieb darin allerdings auch viel mehr verhaftet als wir, die wir die Betonung mehr auf den verbalen Signifikanten setzen. Ich komme darauf noch zurück.

Ich habe dieses 'Schauen', den imaginären Signifikaten, auch das Andere der Sterne genannt, weil – wie von Lacan gesagt – darin eine stabilisierende Funktion liegt, aber auch, weil Kant bereits so intensiv davon schwärmte: ‚Zwei Dinge erfüllen das Gemüt mit immer neuer und zunehmender Bewunderung und Ehrfurcht . : *der bestirnte Himmel über mir und das moralische Gesetz in mir*'. So abgehoben drückte man sich eben damals über das Andere der Sterne und den Anderen des Wortes aus. Tatsächlich geht es beim Anderen der Sterne um ein Es *Strahlt*, das nicht nur das Objekt entdeckt, sondern schon etwas von der Bedeutung des *Objekt*s mitbegreift,[62] ein 'In-der-Welt-Sein', ja ein 'In-Sein' wie der Philosoph Heidegger sagt, ein erfassender Trieb, reine Visualität. Doch ist dies alles nur eine ausgeschmückte, philosophisch-phänomenologische Betrachtung, weit von Wissenschaftlichkeit entfernt.

Es ist nichts anderes als eine Konzeption, sich die Dinge so zu denken. In seinem unvollendeten Werk *Das Sichtbare und das Unsichtbare*[63] versucht der Philosoph Merleau-Ponty über die Phänomenologie hinauszugehen, um im ima-

---

[61] Czarnetzki, A., Archäologie Nr. 6 (2001)

[62] Lacan nennt es auch ein ‚ultrasubjektives Ausstrahlen', also etwas, das über die Subjektbezogenheit noch hinausgeht und so fast objekthaft ist.

[63] Merleau-Ponty, M., Das Sichtbare und das Unsichtbare, W. Fink Verlag (1994)

ginären Signifikanten dieses 'Schauens' einen 'Archetyp der originären Begegnung', ein 'Ich ohne Namen', 'das *Fleisch* als Sichtigkeit', als Schautrieb zu inkarnieren, und so ist er damit der Psychoanalyse als einer konkreteren Wissenschaft hart auf den Fersen. Denn in der Psychoanalyse wird das 'Schauen' direkt genommen, als Objekt, das nicht nur entdeckt, sondern auch noch genossen wird. D. h., es wird versucht, neben dem symbolischen auch dem imaginären Signifikanten gerecht zu werden.

Lacan verwendet dazu die Topologie, die Einsteinsche- oder ‚Faden-Geometrie', weil er glaubte, damit dem Weiblichen – für das Freud keine Formel fand – näher zu kommen. „Was ich in dieser Geometrie, die ich ausbrüte und die ich als Geometrie . . der Weberei zu artikulieren versuche, ist eine Geometrie, die widersteht, eine Geometrie, die im Bereich dessen liegt, was ich ‚alle Frauen' nennen könnte, wenn sich die Frauen nicht gerade dadurch charakterisieren würden, ‚nicht alle', zu sein.[64] Deshalb ist es den Frauen nicht gelungen, diese Geometrie zu schaffen, an die ich mich hänge. Trotzdem sind sie es, die dazu das Material hatten, die Fäden. Vielleicht würde die Wissenschaft eine andere Wendung nehmen, wenn man aus ihr einen Webrahmen machte, das heißt etwas, das sich in Fäden auflöst,“ in weibliche Wissenschaft, könnte man ergänzen. Denn auch die Fäden können

---

[64] Hinter dieser Bemerkung steckt vereinfacht gesagt, dass der Mann in einer Frau nicht alle Frauen haben kann und er es deshalb immer wieder mit einer anderen versucht oder ständig zehn andere im Kopf hat. Darauf beruht auch der Ödipuskomplex, denn Iokaste war Frau, Mutter, Königin und mehr: die scheinbare und irrtümliche Verkörperung von allen Frauen in einer. Der sexistische Mann bleibt damit genauso infantil wie der sogenannte Ur-Vater in Freuds Schrift ‚Totem und Tabu', der felsenfest glaubte, alle zu besitzen.

eine psychoanalytische Deutung weben und spinnen, das Andere der Sterne im bildlichsten Sinne.[65] Oder müsste man nicht sagen, im bild-wort-wirklichen Sinne, denn Wort und Bild, unbewusste Sprache und bildliche Topologie, stellen die zwei verschiedenen Seiten des wirkenden Unbewussten dar, wenn man es ein bisschen vereinfacht ausdrücken will.

Diesen Sachverhalt definiert Heidegger – nachdem er das 'Hinsehen' (also der Anfang des imaginären Signifikanten, des Es *Strahlt*) als ein 'Sich-Aufhalten' bezeichnet hat – als eine eigene 'Seinsart', nämlich als ein 'Vernehmen' und 'Bestimmen', also geradezu als ein Es *Spricht*, als Textualität[66]. Trotzdem kommen wir auf diesen theoretischen Wegen nicht ewig weiter. Gerade diese übertriebenen geistigen Erörterungen will ich doch als wissenschaftsüberholt vermeiden. Ich will einfach und anschaulich schreiben. Uns sollen daher diese Bemerkungen vorerst nur anzeigen, wie arm unsere Wahrnehmung und gar unser primäres Es *Strahlt* meist für gewöhnlich gefasst wird und auch wirklich ist, und dass wir diese vielleicht ändern könnten, erneuern in einer mit dem Es *Spricht* eng verwobenen, neuen Formulierung. Dieses *Strahlt* wird also in seiner Vollheit nur klar, wenn man es dem *Spricht* gegenüberstellt.[67]

---

[65] Ganz im Lacan'schen Sinne ist die Doppeldeutigkeit des Wortes ‚spinnen' im Deutschen für das Hysterische nicht unzutreffend. Auch spielt Lacan gerne ironisch auf das Gewebe und Gesponnene bezüglich der ‚Lilien auf dem Felde' im Neuen Testament an, die nicht zu Armani oder Versace laufen müssen, sondern alles schon fertig verarbeitet und gesponnen in und an sich haben.

[66] Heidegger,M., Sein und Zeit, Niemeyer, (1963) S. 61-62

[67] Maiello, S., Das Klang-Objekt, Psyche Nr. 2 (1999) S. 137-157. Dem Klang-Objekt (dem *Spricht*) setzt die Autorin auch noch das Erlebnis-Objekt (das *Strahlt*) gegenüber, betont also den glei-

Um es vereinfacht und anders zu sagen: Ist nicht vielleicht gerade das Lesen etwas, das das *Strahlt* und *Spricht* in idealer Weise verbindet, kombiniert – und rechtfertigt dies nicht umso mehr das Schreiben eines Buches? 'Schauen' und 'Sprechen', imaginärer und verbaler Signifikant, das ist Lesen, und das heißt, sich von den *Zeichen* einfangen zu lassen, von der Zeichnung der Vokabeln und der Malerei der Begriffe. Lesen gab es vielleicht schon, bevor es die Schrift gab, weil in dem Moment, wo man nicht mehr vordergründig das Objekt, sondern ein *Zeichen* sah, auch ein *Spricht'* vorhanden war, es zu verbuchstäblichen.[68] Plötzlich sah der Frühmensch, als er zum ersten Mal wirklich ,Schaute', nicht mehr nur eine Sache, sondern erinnerte sich in den *Zeichen* dieser Sache an eine Funktion, an ein Wesen, eine Essenz, die man anrufen, artikulieren konnte: keine Sache mehr, sondern ein *Ding*, kein Sehen mehr, sondern ein Lesen, nicht mehr nur ein Etwas, sondern ein Subjekt, ein Entdeckendes, ein Genießendes!

Nicht, dass der Mensch in den Dingen las, wie der Mystiker J. Böhme behauptete, als er von der 'signatura rerum' sprach, den *Zeichen*, die den Dingen eingedrückt sind; ein Mythos, an den auch heute noch viele moderne Esoteriker glauben, weil sie nur genießen wollen und nichts wissenschaftlich erfassen! Nein, die Natur ist nicht schon fertig beschriftet. Lesen heißt, dass man durch 'Schauen' *Spricht* in der Art eines Mit-Schreibens, eines Mit-Artikulierens, ja Mit-Wissens, das umso besser funktioniert, je mehr der Autor mich als Leser schon miterfasst hat. Je mehr er also schon schreibt, wie ich lese, d. h. je mehr er 'das Bild der Stimme', wie Voltaire die Schrift nannte, in den Blick meines 'Spre-

---

chen Dualismus, den Freud den Grundtrieben zuwies, als psychische 'Objekte'.
[68] Lacan, J., L´Identification, Mitschrift des Seminaire IX vom 10. 1. 62, B.R.F.L. Strasbourg

chens' verwandelt, je mehr er schon *Spricht*, wie ich ‚Schaue'.

So könnten die Hieroglyphen im frühen Ägypten die Umkehrung dieses Lesens sein, indem man Bild-Buchstaben schrieb, die nicht *Zeichen* irgendwelcher Dinge waren, sondern 'Zeichen von jemand', heilige *Zeichen*, affektive, wirkliche *Zeichen*, Signifikanten. *Zeichen* jenes 'Anderen', von dem ich im Vorwort sagte, dass sein Genuss das Wissen ist. Solche *Zeichen* sind nicht nur einfach Botschaften, Informationen[69], oder gar nur Buchstaben, sondern etwas Wesentliches von Bild und Sprache selbst, das Wesentliche eines Austausches, einer Verschmelzung (Kommunikation nicht nur von Wörtern, sondern von Wissen). Und so könnten wir also, wenn es uns gelingt, bildhaft, anschaulich zu schreiben, schon die Wahrnehmung trainieren und die Selbsterfahrung üben, nicht nur, weil man dann das Wahre besser ‚Schaut', sondern auch, weil es sich dann gleichzeitig besser ‚Sprechen' lässt.

Wie ich schon eingangs sagte, gibt es nicht das *Eine* als Ganzes oder das Ganze als *Eins* (wir benutzen zwar das Wort 'ganz', können es aber nicht konkret als Einheit fassen). Wenn der Mensch der Urzeit beispielsweise einen Bison an die Wand seiner Höhle malte, dann, um ihn evtl. magisch zu bannen und totemistisch zu fixieren, d. h. er malte ihn nicht, er s c h r i e b ihn (der Schrieb, die *Schreibung*,

---

[69] Wir leben im Informationszeitalter, und glauben, dass mit Information das Wesentlichste getan ist, während Lacan sagt, dass eine Information, eine Botschaft nur 'etwas für jemand ist', nicht das Umfassende der ganzen Sprache selbst, die man eher ein symbolisches Universum nennen müsste. Auch hier finden wir wieder das Prinzip einer innerlichen 'Umkehr', wie sie Türcke bei den Frühmenschen beschrieb.

ist etwas Zweifaches, Phonem und Bild)![70] Er malte gar keinen Bison, wie wir dies heute so nüchtern sagen, sondern er formte diese *Zeichen* mit dem stillen Laut eines Anrufs, er beschwörte diese Tierkonturen in der Art eines Namens, eines Signifikanten, d. h. in diesem Signifikanten rief er sie an, las er sie von der Wand, sowie er sie vorher in der Natur glaubte gelesen zu haben, und somit konnte er sie schließlich andere lesen lassen als das gleiche 'Ereignis', das gleiche primär-primitive Symbol. Wie wir wissen, nutzte der Frühmensch die Wölbungen, Wulstungen und Kerbungen der Höhlenwand, um die lebendige, erotische Kontur des Tier-Menschen aufleben und wirken zu lassen. So wollte er ein 'psychisches Objekt' festigen, seine eigene, sternengleiche Andersheit symbolisieren.[71]

Denn diese Höhlenbilder gleichen zwar erstaunlich modernen Abstraktionen und sind daher tatsächlich eher Hieroglyphen anstatt Zeichnungen, sind primitive Signifikanten anstatt Abbildungen, sie sind vielleicht Kunst, aber wahrscheinlich nicht in unserem Sinne. Sie sind rituelle Kunst, Beschwörungskunst. Auch sprachen sich die Menschen nicht auf irgendeine Art ab, einigten sich nicht, beschlossen nicht, dass dieses *Zeichen* oder diese Lautkombination B.i.s.o.n. heißen soll. Nein, dieses an die Wand Geschriebene symbolisierte den primär-primitiven 'Anderen'[72], jenes Irreale, mit

---

[70] Kruckenburg, M., . . .Und sprachen das erste Wort, Econ (1996) S. 153, wo der Autor diese These ausführlich diskutiert.

[71] Sacco, F., Sauvet, G., Vom Wesen des Menschen, Ein Dialog zwischen Prähistorie und Psychoanalyse, Psychosozial-Verlag (2004) S. 141- 144

[72] Psychoanalytisch verstehen wir darunter die ‚imago' der Mutter, das psychische Objekt `Mutter' in uns, ein Hilfs-Ich, wie manche sagen, also tatsächlich vergleichbar dem schamanistischen Hilfsgeist, der, wie Lacan sagt, 'einen Körper hat und nicht existiert'. Es ist also eher ein irreales als imaginäres We-

dem ich in 'Sprechende' Verbindung treten kann, um seine Antwort zu beschwören, zu gebären, ja zu 'Schauen'. Ein ausgedrücktes, fixiertes *Strahlt / Spricht*, in dem die rein oralen Identifikationen überwunden und in Schwebe gehalten werden konnten, weil sie nun mehr Raum den rein narzisstischen Identifikationen gaben (der leere seelische Raum spiegelt sich am authentischsten im 'dunklen Raum' der bemalten Höhle).[73]

Wir wissen, dass der Neandertaler, ja schon der homo erectus lange vor ihm (vor ca. 350 000 Jahren) mit Ocker, Zeichenkreide, Rötel und Reibsteinen in dieser Weise 'geschrieben' hat,[74] auch wenn – wie gesagt – erst der Cromagnon-Mensch die wirkliche Bild-Schrift erfand. Trotzdem waren Ansätze zu dieser mehr narzisstischen Fixierung vorhanden und für einen wissenschaftlichen Zugang zum Frühmenschen genügt es, dass wir uns wie Freud auf die Bildungen des Unbewussten verlassen, die auch heutige Menschen noch produzieren. Wie beim Säugling sind 'Objektwahl' und 'Identifizierung' oft nicht zu unterscheiden.[75] Der Kannibale – ich erwähnte bereits den rituellen Kannibalismus beim Neandertaler[76] – hat seine Objekte zum Fressen gern und er

---

sen, mit dem man in einer mehr phantasmatischen, libidinösen, traumhaften Verbindung stehen kann und auch eine Art primär-primitiver Kommunikation (Sprechen?) haben kann. Hier also noch vielleicht als primär-primitiver Anderer zu verstehen.

[73] Sacco, F., Sauvet, G., Vom Wesen des Menschen, Ein Dialog zwischen Prähistorie und Psychoanalyse, Psychosozial-Verlag (2004) S. 33 - 36

[74] Kuchenberg, M., Lag Eden im Neandertal, Econ (1997) S. 286 - 352

[75] Freud, S., GW XIII, S. 257

[76] Peter - Röcher, H., Kannibalismus in der prähistorisch. Forschung, Habelt (1994). Darin wägt die Autorin sehr vorsichtig ab, inwieweit Kannibalismus überhaupt als gesichert gelten

frisst nur die, die er auch lieben kann, sagt Freud. Dies ist der Anfang einer symbolischen Ordnung. Die Brust der Mutter ist für den Säugling das erste symbolische Objekt, gerade weil dieses gegeben, aber auch vorenthalten werden kann. Indem die Mutter somit real wird, wird das Objekt (das Teilobjekt) symbolisch. Wird eine Hieroglyphe.

Ob jetzt also Kannibalismus beim Neandertaler bestätigt ist,[77] oder ob wir uns jetzt nur auf die ersten symbolischen Objekte beziehen – was heißt das, Menschenfleisch? Shakespeare hat es in seinem 'Kaufmann von Venedig' recht deutlich dargestellt. Darin geht es um ein Stück Menschenfleisch, das im Austausch gegen eine Geldschuld dem Gläubiger zurückerstattet werden soll, wenn diese Schuld nicht termingerecht in Geld eingetrieben werden kann. Dieses 'Pfund Fleisch' ist ein alle Geister empörendes, alle Gefühle aufwühlendes Pfand. Es ist die Verbildlichung einer schamlosen Perversion, einer grenzenlosen Widerlichkeit und daher das Objekt einer absoluten Unmöglichkeit. So etwas darf es nicht geben, wer so etwas auch nur denkt, vernichtet sich selbst. Und doch ist es denkbar, nicht nur in der Nekrophilie.

Die Neandertaler haben es wahrscheinlich zu einem Objekt der Ausnahme, der unio mystica, des ersten heilig-profansten Symbols, ja des Symbols einer sexuellen Vereinigung gemacht. Denn auch der Sex war *konnatural*, sehr eng verbunden mit Sturm und Feuer, mit Fleisch und Jagd. Denn sie haben Unmengen Fleisch gejagt und gegessen und das eigene

---

kann. Für uns ist diese Frage gar nicht absolut entscheidend. Es gibt auf jeden Fall ein 'orales' System, die Psychoanalytikerin F. Dolto spricht von der 'oralen Ethik', also einem 'Oralismus'. Dieser 'Oralismus' ist eine Phase, die man als Säugling durchläuft und die auch in der Menschheitsgeschichte durchlaufen wurde.

[77] Schmitz, R. W., Thissen, J., Neandertal, die Geschichte geht weiter, Spectrum (2000) S. 175 - 185

zu verzehren war vielleicht letztlich nur dazu da, diesen ständigen Fleischhunger durch einen höchst symbolischen Akt zu beenden,[78] was ihnen nicht gelungen ist. Diesem Akt gegenüber waren sie ambivalent und hätten sich nur von ihm lösen können, wenn das gesamte Ernährungsproblem gelöst worden wäre, durch Ackerbau z. B. Soweit sind sie aber nicht gekommen. Sie blieben gehetzte Jäger und von ihren eigenen Trieben Gejagte (was nicht heißt, dass der moderne Mensch hier um eine Nuance besser ist).

Die frühsteinzeitlichen Höhlenmalereien, die man ja nunmehr auch den Neandertalern zuspricht, beweisen laut Leroi-Gourhan, Ethnologe am Collège de France, allerdings auch, dass sublimer Sex die religiöse Gedankenwelt der Frühmenschen prägte. ‚Deren Figuren und Symbole ritzten sie in Elfenbein oder tupften sie mit schwarzer Manganerde und rotem Ocker auf Höhlenwände. . . Einen Symbolgehalt vermutete Leroi-Gourhan auch in den Bison- und Vulva-Darstellungen . . Haken, Striche und Punktfolgen können von Penis-Symbolen abgeleitet werden. . . Aus ihrer Anordnung in den Reliefs und Höhlenbildern schließt Leroi-Gourhan, dass die Menschen der Eiszeit bereits ein religiös-symbolisches System hatten, das „auf dem Wechsel, der Ergänzung und der Gegensätzlichkeit der männlichen und weiblichen Werte" beruhte'.[79]

Und weiter: „Dieses dualistische Prinzip scheint dem Experten so vorherrschend zu sein, dass er es auch in jenen Kunsterzeugnissen gewahrt, die Menschen der Moderne kaum anders als nach ästhetischen Gesichtspunkten betrachten kön-

---

[78] Leonard, W. R., Menschwerdung durch Kraftnahrung, Spectrum der Wissenschaft Nr. V (2003) Der Autor zitiert Untersuchungen, die den enormen Fleischkonsum der Neandertaler durch Kollagen- und Stickstoffwerte in Knochen klar belegen.
[79] Der Spiegel, . 14 (1972), Bericht über A. Leroi-Gourhan: "Prähistorische Kunst". Verlag Herder, 604 Seiten

nen – in den großen Tierbildern. Als wichtigstes männliches Element wertet Leroi-Gourhan das Pferd, das am häufigsten abgebildet ist. In den Kompositionen sind ihm als weibliches Element meist Wiederkäuer zugeordnet – Bison, Rind und Ren (wobei auch Bison-Bullen dem Symbolgehalt nach als weiblich gelten). Das Bison-Pferd-Thema ist meist im Zentralbezirk der Höhlen angebracht".

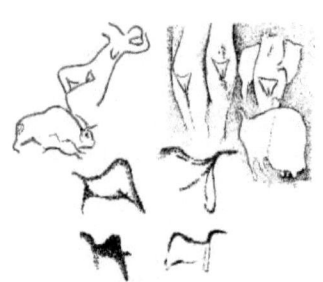

Abb. 5 Bisonfrauen, Darstellungen von weiblichen Körpern und Bisons finden sich häufig kombiniert, so dass der Paläoanthropologe Leroi-Gourhan von 'Bisonfrauen' sprach. Linien- und Formelemente von Mensch und Natur haben bei den Frühmenschen gleiche Assoziationen hervorgerufen.

Die Frühmenschen haben also bereits etwas von der Freudschen Sexualtheorie verstanden, die sich ja weniger auf die Erwachsenensexualität bezieht als auf die der Infantilzeit. Freud postulierte zwischen dem vierten und sechsten Lebensjahr eine sogenannte ‚phallische Phase', in der Mädchen wie Jungen ebenfalls diese Ergänzung und Gegensätzlichkeit des Männlichen und Weiblichen in einem Symbol systematisieren. Dieses vereinheitlichende Symbol, der „phallus symbolique", wie Lacan sagt, der symbolische Phallus, ist der Freudschen Anatomiesprache geschuldet und wird von vielen Lesern seiner Schriften – und auch der Lacans – oft nicht verstanden. Man wirft den Psychoanalytikern häufig ‚Phallozentrismus' vor, doch so wie Leroi-Gourhan vom „religiös-symbolischen System spricht", in dem das Sexuelle eingebettet ist, sind die Theorien der Psychoanalytiker in einem System ‚menschlichen Begehrens' dargelegt, das eben letztlich auch einen infantil sexuellen Charakter hat.

So zeigen die Höhlenbilder keinen sexuellen Akt, solch eine Direktheit erschien ihnen damals wohl genauso wie uns heute pornographisch. Um die Sache mit der ‚phallischen Phase' darzustellen, verwendeten die Frühmenschen Tierbilder, die wie bei Freud mit den Bildern der geschlechtlichen Anatomie (Vulva-, Penis-Symbole) verbunden waren. Damit ließ sich das Ganze auf eine Ebene elementarer Beziehungen des Weiblichen und Männlichen heben, auf der es kommunizierbar war, so wie es eben heute in der Psychoanalyse (und sicher auch in der Kunst, in Performanz, in Literatur etc.) kommuniziert wird. Das heißt, dass es auch in der Kombination des Anderen des Wortes und der Sterne ausdrückbar ist, wenn auch vielleicht nicht so elementarfreudianisch wie in der klassischen Psychoanalyse. In der *Analytischen Psychokatharsis* muss man sich um Phallus und Bisonfrauen nicht so sehr kümmern, aber wissen sollte man davon durchaus.

Denn es geht in der *Analytischen Psychokatharsis* nicht um weniger Lebendigkeit oder Libido. Denn wie erwähnt führte Freud ja die Sublimierung auch auf den Eros-Lebenstrieb zurück, wenn eben ‚desexualisiert' wie er sagte, und dies gilt wohl auch für die Höhlenbilder, die ja religiöse Kultur und Kunst waren, was freilich nicht ganz den Kern des Libidinösen traf. Umgekehrt finden wir bei uns sexualisierte Kultur, die sich aber als reine Kunst sehen will, wie etwa die Gruppe um Florentina Holzinger, bei der acht oder neun nackte Frauen mit Tanz, Musik und aggressiv-provozierenden Gewaltszenen reüssieren. Es geht dabei vielleicht nicht um einen Sado-Maso-Kult, aber die Frauen gehen genauso vor wie die Fakire in Indien, die sich Spieße durch die Wangen stechen und mit Haken in die Haut getriebenen Seilen Gewichte tragen.[80]

Ich denke, es handelt sich um weiblichen Exhibitionismus, hinsichtlich dessen die Frauen bisher hinter den Männern

---

[80] Leucht, S., Reine Körpermechanik, SZ vom 3. 3. 2020, S. 11

rangierten. Doch exakt hier beweist sich die Symbolkraft des Phallus. Während der exhibitionierende Mann einen Aufschrei erzeugt, der ihm Befriedigung verschafft, ist das tief und weit ausgeschnittene Dekolleté für uns heute wohl nicht mehr ausreichend phallisch. So, als Ganzkörperphallus können die Frauen nachholen, was sie bisher versäumt haben, und brauchen auch nicht zu fürchten, wie der Mann vom Gesetz (StGB § 183) belangt zu werden. Es handelt es sich aber trotzdem um Exhibitionismus und um die gleiche Befriedigung, wie sie eine Frau der genannten Gruppe in dem zitierten Artikel bestätigte: „Ich wusste gar nicht, dass mein nackter Hintern Angst und Schrecken verbreiten kann".

Die Kombination des Anderen des Wortes (Text) mit dem der Sterne (Glänzen) auf einer grob-sexistischen Ebene zeigt, dass beides eben auch in sehr rohen, rüden und effekterheischenden Weisen möglich ist. Auch in hochintellektuellen, wissenschaftlichen Werken kann man das Gleiche antreffen, nämlich Scheinargumentationen, die bis zur Paranoia gehen, was Freud der Wissenschaft – selbst seiner eigenen – ohnehin grundsätzlich zuschrieb. Die Wissenschaft profitiert davon, dass selbst, wenn sie als überholt gilt, ihre Anfangsgrundlagen dann zum immer noch gültigen Spezialfall erklärt werden. Das gilt auch, wenn man sich nicht nur die Vergangenheit ansieht, sondern auch die Zukunftsperspektiven studiert.

P. Virilio beschreibt nämlich, wie mit der 'computergestützten Wahrnehmung, der Visionik . . der Sehmaschine', der imaginäre Signifikant, das Wahrnehmen ohne Blick möglich sein wird.[81] Die Maschine tastet die *Objekte* ab, vergleicht sie mit dem ungeheuren Datenschatz in ihrem Inneren und liefert sekundenschnell eine fertige Interpretation dessen, was sie gesehen hat. Wir selber brauchen gar nicht mehr hinzuschauen, ob unsere Arbeit richtig läuft, Wesentliches in

---

[81] Virilio, P., Die Sehmaschine, Merve Verlag (1989) S. 133-172

der Zeitung steht oder uns eine Frau gefällt, denn alles erledigt die Maschine. Wir sind derweil mit Träumen und Wohlbefindlichkeitsübungen beschäftigt. Allerdings gesteht der Autor ein, dass von der Sehmaschine die Gefahr ausgeht, dass sie zu einer Zweiteilung des Realitätsprinzips beiträgt, das Subjektives und Objektives, der Andere des Wortes und das Andere der Sterne nicht mehr zu unterscheiden sind.

Denn so verstanden wissen wir dann noch weniger als vorher, was unsere eigentliche 'wahre' Realität ist. Wir können uns durch die Maschine schneller in verschiedene Realitäten einarbeiten, aber wie diese in Bezug zur Wahrheit stehen, zur 'wirklichen' Wahrheit, welche von den visuellen Realitäten dann das wahre *Reale* ist, das ist dann wieder ein anderes Problem. Die Sehmaschine, die bereits in Entwicklung ist, wird also wieder unsere Welt verändern, aber nicht grundlegender klären. Grausamkeit und Lust werden sich gleichbleiben. Waren früher die Götter maßlose Herren, so sind eben heute die Maschinen nichts anderes als versklavte Götter.[82] Wir selbst sind weiterhin maßlose Sklaven geblieben, indem wir uns für göttliche Herren halten.

Ist es nicht generell mit allen Wissenschaften genauso? Computerwissenschaft, neuronale Netze, mathematische Topologie und hundert andere neue Wissenschaften machen rasante Fortschritte, und man fragt sich eigentlich: für wen? Manchmal sind es nur Fortschritte für den Wissenschaftler selber. Die Herstellung von Organen aus menschlichen Stammzellen, das Klonen, alles wird für viele Bereiche nützlich sein. Doch der Aufwand und die immer neuen Probleme werden uns nicht völlig aus der kannibalischen, der oralen Ordnung befreien, Neben der Stammzellenforschung, d. h. dass man eines Tages seine eigenen Urzellen in sich wieder inkarniert, sein eigenes Aas frisst, sollte man sich immer auch mit dem eigenen Unbewussten beschäftigen und der ei-

---

[82] Groys, B., Topologie der Kunst, C. Hanser Verlag (2003) S. 199

genen Sterblichkeit. Wie sollte man sonst eine andere Stern-
bezogenheit von der Bezogenheit anderer Worte unterscheiden?

Mit der Behauptung einer 'wahren' Realität unseres Anderen
der Sterne haben wir also Schwierigkeiten und mit der 'wirklichen' Wahrheit unseres Anderen des Wortes ist es nicht
anders. Eine letzte Gültigkeit findet man erst in der reifen,
gelungenen, perfekten Kombination der beiden. Trotzdem
muss ich auf diese zwei Grundkräfte, Grundsignifikanten
immer wieder einzeln zurückkommen, denn von dieser letzten Gültigkeit kann ich nichts sagen. Sie bleibt dem Einzelnen, dem Individuum überlassen, wenn er die beiden in einer
Methode, in einer Praxis, für sich realisieren kann. Und dafür
kann ich nur die Psychoanalyse oder die *Analytische
Psychokatharsis* heranziehen. Keine Kunst, keine Konfession, keine universitäre Wissenschaft, kann dies leisten.

„Sobald Es sich weiß, sobald etwas vom Realen zum Wissen
kommt, gibt es etwas, das verloren ist. Und die sicherste Art
und Weise, diesem Verlorenen näher zu kommen, ist, Es als
ein Stück des Körpers zu denken", schreibt Lacan. Der Neandertaler dachte Es nicht, er Schaute es: Das *'flesh'* aller
Körper, das doch auch Stück von seinem Körper war. Doch
was sehen die ersten entfesselten, wirklich freien Blicke,
wenn sie kein 'Sprechen' haben, sie zu koordinieren? Sie
würden nur den Körper zerstückelt sehen, gespalten, zerris-
sen! Sie würden alles nur mehr bezogen auf die Spaltung,
auf den Tod hin sehen?[83] Imaginärer und verbaler Signifikant, beide Prozesse begannen also gleichzeitig in gegensei-
tiger Abhängigkeit, waren in sich autonom und schaukelten
sich erst einmal in einer bestimmten Kombinatorik in eine

---

[83] Die 'zerstückelten Körperbilder' sind für das früheste Kindes-
alter typisch, indem sie die aggressiven Strebungen repräsentieren und nicht in einem einheitlichen Bild, Ich-Bild, gefasst werden können, weil noch kein stabiles Ich vorhanden ist.

neue, noch primitiv-primäre Organisationsform hinein, in der jetzt auch der Tod eine nominative Stellung hatte. Der Andere des Wortes muss das Reale des Todes mit Hilfe des Anderen der Sterne mildern, weil dies die Milderung stabilisieren kann.

Doch nicht nur die bildhaft-imaginären, auch poetische Konzepte können diese grundlegende duale Kombinatorik zeigen, und sie eignen sich oft noch besser den Vergleich von heute zu damals und auch in ihrem Bezug zueinander anschaulich zu machen. So hat z. B. Petrarca in seiner Dichtung (hier jetzt speziell dem Canzoniere, seinen Gedichten an die geheimnisvolle Geliebte Laura) sein Leid, seine Hilflosigkeit aber auch seine poetische Lust ausgedrückt und musste dazu zu dichterischen Darstellungsformen greifen, die uns an das Sprechen der Neandertaler sehr stark erinnern. Echo-Silben (Echo-Syllaben) drücken beispielsweise das Seufzen, Jaulen, Grummeln und Jauchzen des Unbewussten genau so aus, wie einst der Neandertaler derartige Affekte ausdrückte. Im Vers 'Quando per **ta**l ven**tu**ra **tutta** ign**u**da . . ' (Wenn durch solch ein Geschick vollkommen nackt . .) klingt das **u** und **t** des Unheils durch rhetorische Wiederholungen heraus (auch das **ta** des Faktischen), und so ähnlich hat es wohl auch der Neandertaler gestöhnt. F. J. Jones, von dem das gerade zitierte Beispiel stammt, gibt noch zahlreiche andere Interpretationen. [84] So lautet ihm aus dem Vers:

'**Primave**ra **per me pur** non è **ma**i . . ." durch die Wiederholungen des **me** und **p** Unruhe, Tod und Depression heraus. Petrarca gelingt mit dieser poetischen Methode klangsprachlicher Wiederholungen ein Zurück in die frühesten und tiefsten lautlichen Äußerungen, sprachlichen Ausbrüche, in ursprachlichstes Evozieren. Dies gibt einem nicht nur ein Verständnis für die Ursprachen des Frühmenschen, für dessen

---

[84] Jones, F. J., The Structure of Petrarch`s Canzoniere, Brewer (1995) S. 261 - 280

pma pr mep r ma oder was auch immer (denn er hat natürlich die komplexen Laute des Italienischen nicht sprechen
können, wohl aber diese Echo-Silben), ein Hinweis darauf,
wie das Unbewusste in seinen formalsten, bildwort-haften
Teilen funktioniert.

Und dies wird nicht nur für das Verständnis und das Verfahren des *konjekturalen Denkens* wichtig sein, es ist gerade
auch für die vielschichtigen Krankheiten psychischer oder
somatisierter Art bedeutender, als die Vorstellungen des Unbewussten herkömmlicher Weise. Denn dann werden wir eine Möglichkeit haben aus diesen Alliterationen und Echos
eine Methode zu entwickeln, das man nunmehr in umgekehr-
ter Weise – durch gedankliches Wiederholen bestimmter
Lautkombinationen – zu einer Übungsweise psychotherapeu-
tischer Art verwenden kann, die ich also *Analytische
Psychokatharsis* nenne. Führt dieses Verfahren zu einer pro-
funderen Ausarbeitung seiner selbst, kann man auch von
Konjekturalwissenschaft sprechen, wie dies Lacan für die
Psychoanalyse getan hat.

Der Neandertaler hat also dieses kompakte Handformat von
Sprache gekannt, das dem unseres Unbewussten so ähnlich
ist und das ich für die *Analytische Pschokatharsis* nutzen
möchte. Und so höre ich den Neandertaler geradezu sagen:
'Vergesst uns nicht! Wir sind ausgestorben, weil wir uns
überfressen haben. Wir haben die ganze Tierwelt Mitteleu-
ropas dezimiert. Aber wir haben die Natur auch geliebt, wir
haben uns untereinander ohne viele Worte verstanden, weil
wir eben diesen 'linguistischen Kristall'[85] der Spiegelungen
und Echos hatten, dieses direkte Kommunikations- und Ent-
hüllungswerkzeug, dieses von Du-zu-Du, von dem ihr heute
gar keine Ahnung mehr habt! Erinnert euch doch wenigstens

---

[85] Ein Begriff Lacans für das Unbewusste, für das *Strahlt* (Kristall) / *Spricht* (Linguistik).

an das, erweckt doch wenigstens das wieder zum Leben,
denn dann sind auch wir wieder unter euch.'

Was sollte im Leben interessanter, schöner, spannender sein
als die Geheimnisse des Lebens, des Alls, der Welt zu enthüllen in einer wissenschaftlichen Form, an der jeder teilnehmen kann! Keine Universität ist nötig. Wenn man das
Naturwissen der Frühmenschen mit unserem heutigen verbindet, kann jeder, der wirklich interessiert ist, der ernsthaft
sucht, diese Geheimnisse klären. Vielleicht nur für sich, vielleicht für viele. Das sollte sich doch lohnen! Denn für was
fahren wir denn heute in die Dschungel Brasiliens, in die
Regenwälder Malaysias, wenn nicht dafür, diese enge, prick-
lend-fazinierende Begegnung mit der Natur wieder zu erfahren, das *Konnaturale* zu spüren! Viele glauben auch, dass
Meditationserfahrungen in Asien besser zu erreichen sind als
hier in den westlichen Ländern. Aber wieso? Das ist doch
Unsinn, hier ist doch alles zu haben.

II. Physiker und Philosophen

2. 1 Kant

Wie man also vermutet, sprach der Neandertaler direkt von dem heraus, wovon er im Bilde war, rufhaft, imperativ, geräuschecht. Er äußerte sich aus dem Bauch heraus, demnach ganz so, wie wir es heute von unseren Patienten fordern, wenn sie in der Therapie frei aus sich heraus assoziieren sollen, um zu einer realistischeren Einschätzung ihrer selbst und damit auch ihrer Umwelt zu kommen. Denn weil der Neandertaler so sprach, wie wir es gerade an Petrarcas echosyllabischen Me und Pe und Ta gehört haben, war er nach Auffassung des Paläoanthropologen J. L. Arsuaga realistischer als wir.[86] Wir sprechen – so Arsuaga – in der Sekunde etwa 20 Phoneme, während der Neandertaler in der gleichen Zeit vielleicht nur eines hervorbrachte. Somit konnte er sich niemals derartig komplexe Geschichten erzählen, wie wir dies tun. Ja, er konnte in seinen Gedanken niemals so weit abdriften, wie es schon ein Kind unserer Zeit dies vermag, geschweige ein Philosoph wie Kant. Der Neandertaler blieb somit viel realistischer auf sich und seine unmittelbarste Umwelt bezogen, er sprach nur über die unmittelbarsten Dinge. Über Essen und Liebe z. B. Er musste aussterben, weil er nicht weiter über sich selbst hinaus gelangte.

Eine Fachsprache, wie wir sie heute haben (etwa in der Philosophie), hätte der Frühmensch nicht mehr als Äußerung, sondern als ein künstliches Laut-Wortdelirium empfunden. Dass Fachsprachen nicht gerade sehr kommunikativ sind, ist auch uns heute durchaus bewusst, weshalb neuerdings zunehmend versucht wird, zwar sehr fachlich, aber doch allgemeinverständlich zu schreiben (was etwas anderes ist als

---

[86] Arsuaga, J. L., Der Schmuck des Neandertalers, Europa Verlag (2003) S. 320

populärwissenschaftlich, wo das Fachliche zu kurz kommt). Meist kommt aber das Fachliche doch wieder zu stark durch und wird dadurch unrealistisch. Man bekommt das Gefühl, der Autor verbirgt hinter seinem Fachvokabularium etwas von sich selbst. Genau dies möchte ich vermeiden. Ich kann zwar nicht umhin, komplexere Sachverhalte aufzugreifen, will mich aber jeder auch nur annährend ausufernden Fachsprache enthalten. Es kann trotzdem sein, dass nicht alles sofort und leicht zu verstehen ist. Daher wird sich auch bei dem von mir entwickelten Übungsverfahren der *Analytischen Psychokatharsis* nicht sofort und ganz leicht ein Erfolg einstellen, aber eine 'Realisierung' wird sich schnell bemerkbar machen.

Der Physiker und Philosoph C. F. von Weizsäcker wollte in einem allgemeinen Vortrag einen Überblick, eine Zusammenschau aller Wissenschaften geben.[87] Doch in einem Satz, in dem er die 'Raumkrümmung als Quantelung des Impulses' definierte, ging er in einen Vortrag für die Allgemeinheit wohl doch zu weit. Aber er gestand S. Freud zu, dass dieser möglicherweise der letzte 'methodische Kopf' war, der die Wissenschaften dadurch unter ein Dach gebracht hat, indem er eigentlich ganz unwissenschaftlich vorgegangen ist, aber doch so, dass seine Entdeckung sich 'als lehrbar erwies', dass er sie 'durchsetzen konnte in der legitimen Arena der wissenschaftlichen Öffentlichkeit'. Vielleicht hätte Weizsäcker sagen sollen, dass die Wissenschaftler sich mehr nach ihrer Stellung als Subjekt fragen müssten, als Subjekt in einer raumzeitlich gekrümmten Welt, in einer letztlich nie ganz zu objektivierenden, in einer desillusionierten Welt.

Aber die Physiker verleugnen das Subjekt der Wissenschaft, weil sie glauben, nur so sind sie objektiv. Kurz gesagt: Sie wollen ‚nicht das sehen, wofür wir offen sind, sondern nur

---

[87] Weizsäcker, C. F. von, Die Einheit der Natur, dtv (1995) S. 61 – 83 und 301

das, was wir operationalisieren können.'[88] Sie sind Macher, nicht Weise. Sie erfassen zwar das Objekt und genießen auch ihre Entdeckung, aber eben alles nur halb und nur exklusiv. Dabei geht es nicht um das Objekt als solches, wodurch das Subjekt im Realen wäre, als 'erfassende Wahrnehmung' und *genießende* Selbsterfahrung. Vielmehr ist es eher umgekehrt: man ist dann als Subjekt im Realen, wenn man alle Objekte verloren hat (gemeint sind wieder eher die psychischen 'Objekte') und man so die Nichtigkeit eines objektiven Genießens erkennt. Demgegenüber ist das Genießen der Katharsis weder subjektiv noch objektiv, es ist einfach autochthon.[89]

Ebenso verwirrend geht es auch bei anderen Wissenschaftlern zu. Was z. B. die Philosophie betrifft, könnten wir etwa bei Kant anfangen, der ein gutes Beispiel dafür ist, dass seine Wissenschaft sich im Gegensatz zu der der Physiker nicht ans Objekt, sondern an den Status des Subjekts klammert, so sehr klammert, dass man alles 'förmlich wie ein Objekt vor Augen hat', wie er selber manchmal sagt, nur um seine Erkenntnis zu festigen. Denn Kant erwischt dieses Objekt nie.[90] Wie der hier zitierte Autor schildert, behauptete Kant selbst, es nie erwischen zu können und zu wollen, weil er „sich mit der Einsicht begnügen muss, dass die Ideen als Zeichen des Absoluten nicht bewiesen werden können, dass aber auch nicht auf sie verzichtet werden kann". Somit gibt es nichts wirklich Objektives. Aber was dann? Nur Idealisierungen, also phantasmatische, idealistische Philosophie?

---

[88] Merleau-Ponty, M., Das Sichtbare und das Unsichtbare, W. Fink Verlag (1994) S. 35

[89] Ich habe in meinem Buch ‚Das autochthone Genießen' dazu ausreichend Stellung genommen, will aber auch später hier noch etwas dazu schreiben.

[90] Ludwig, R., Kant für Anfänger, die Kritik der reinen Vernunft, DTV (1995) S. 164

Es verhält sich zumindest genau umgekehrt wie bei den gerade erwähnten Naturwissenschaftlern, die sich panisch auf die Fersen des Objekts heften und alles verdinglichen wollen. Jedoch will ich auch hier an den Leser nicht in kantischer Manier, in hoch wissenschaftstheoretischer Art und mit kantischer Begrifflichkeit an die Sache herangehen. Ich werde, wie Weizsäcker es ausgedrückt hat, mit der Umgangssprache arbeiten, die ja auch ein gewisses Maß an philosophischen Zitaten verträgt. Aber eigentlich will ich nur mit einfachen Worten zeigen, dass im Kantschen Werk das Andere der Sterne und der Andere des Wortes das Grundlegende sind, ihre Kombinatorik aber von Kant nicht gefasst wird, weil er Angst vor dem Objekt hat (am besten zu sehen z. B. an seiner Angst vor den Frauen).

Er ‚steht' nicht zum Objekt, er lebt es nicht, er kommuniziert es nicht mit anderen auf einer gemeinsamen Ebene! Ja, er genießt es nicht, sondern verdrängt es! Er hat keine gemeinsame Praxis dafür, weil er die wirkliche Teilnehmerperspektive ausschließt! Wie Platon, mit dem die idealistische Philosophie begann, konkretisiert er das Objekt nicht und bekommt so keinen Boden unter den Füßen. Dem Philosophen Hegel ist es nicht anders ergangen. Er behauptete einmal, er habe 'die Versuchung zum Wahnsinn' ganz nahe gespürt, weil ihn die Flut der Gedanken hinwegspülte und ihm so das Objekt seiner Wissenschaft verloren ging. Die Geisteswissenschaftler sind oft nahe am Verrücktsein, wenn sie in der Versprachlichung des Objekts zu sehr ins Subjektivieren geraten, so wie in Dürrenmatts Stück die Wissenschaftler mit ihren Weltformeln auf ihre Weise ebenso durchdrehen und sich deswegen freiwillig ins Irrenhaus zurückgezogen haben.[91] Dummerweise reißt dann allerdings die dortige Psychiaterin das Machtobjekt an sich und lässt die Wissenschaftler nach ihrer Pfeife tanzen.

---

[91] Dürrenmatt, F., Die Physiker, Werkausgabe, Zürich (1980)

Aber so wie die Naturwissenschaftler manchmal zugeben, dass Wissenschaft immer irgendwo subjektiv ist, so sagen auch moderne Geisteswissenschaftler, dass „eine Theorie der Wahrheit [die Dinge] nicht abstrakt und *sub spezie aeternitatis* erklären muss. Durch die handlungsorientierende Funktion der Wahrheit bleibt sie eingebunden in die Kohärenz gemeinschaftlicher Praxen unter kulturhistorischen Bedingungen".[92] Heißt das nicht, dass die philosophische Wahrheit im Letzten nur verwässert zu haben ist? Nur als 'Unbehagen in der Kultur' wie Freud es ausdrückte? Demgegenüber möchte ich jedem in der konkretest möglichen Kombination vom Anderen des Wortes und der Sterne etwas weder rein Subjektives (aber trotzdem Subjekt-Bezogenes) und Unverwässertes (wenn auch nichts Absolutes) anbieten. Eine Praxis für Wahrnehmung (*Strahlt*) und Selbsterfahrung (*Spricht*) in der Teilnehmerperspektive, indem man sich das letztliche Resultat selbst erübt.

Der Frühmensch war nicht im Geringsten geistig tiefstehender als wir! Niemand lebte in einer so gelungenen, wenn auch noch primär-primitiven Kombination dieser beiden Grundtriebe, Grundkräfte, Grundprinzipien! So waren die Neandertaler glückliche Menschen, die nichts (oder kaum etwas) verdrängen mussten oder neurotisch waren. Sie waren unglaublich robust und fühlten sich selbst in rauer Natur wohl und widerstandsfähig.[93] Sie hatten ein besonders glück-

---

[92] Janich, P., Was ist Wahrheit?, Verlag C.H. Beck (1996) S. 126

[93] Trinkaus, E., Shipman, P., Die Neandertaler, Bertelsmann (1992) S. 529 - 530 Dieses Element des Konnaturalen kann man sehr gut nachempfinden, wenn man nach einer körperlichen Verausgabung bei kalter Witterung – innerlich also stark erwärmt – sich mitten in die Landschaft setzt und die Umgebung auf sich wirken lässt. Man spürt eine tiefe Verbundenheit und glaubt mit den einzelnen Aspekten der Umgebung zu kommunizieren. Und klimatisch war es bei den Neandertalern ja so.

liches und intensives Liebesleben![94] Aber sie konnten sich gegenüber dem grazileren und bereits gruppenmäßig komplexer strukturierten Cro-Magnon-Menschen (unseren unmittelbaren Vorfahren) nicht halten und starben aus. Warum? Abgesehen davon, dass sie sich überfressen haben, waren sie zu sensibel! Hinter einer rauen Schale steckt oft ein sensibler Kern. Mit Sicherheit gab es keine Schlachten zwischen ihnen und dem nachrückenden homo sapiens sapiens. Aber das Auftreten des neuen Menschen irritierte sie. Die Neandertaler verstanden diese eigenartigen Wesen, die eine so vielschichtig klingende Sprache sprachen, nicht. Mit dieser Sprache konnte man differenziertere und meist auch lieblosere Anweisungen geben. Das war irritierend und beängstigend! Das richtete den starken, rauen aber herzlichen Neandertaler zugrunde. Natürlich ist dies alles sehr spekulativ. Dennoch stütze ich mich auf viele präzise Details. So haben die Neandertaler Schmuck hergestellt, sie haben ihre Toten mit Grabbeigaben bestattet, sie haben Verletzte und Behinderte in der Gruppe gehalten und betreut. Sie haben bereits die Musik gekannt und Musikinstrumente geschaffen.

Auf jeden Fall waren sie vollwertige Menschen, wenn wir uns auch hier (bezogen auf das 'Geistige') mit vielen Vergleichen uns gegenüber schwertun. Aber sie wurden einfach 'ökonomisch ausgeschaltet' und haben sich sicher auch durch ihr maßloses Fressen selbst zu Grunde gerichtet ('Die Knochenstruktur der Neandertaler war karnivorer als die von Karnivoren').[95] M. Roux meint zudem, dass die Neandertaler das Wesen des Vaters, das Vatersymbol, den Vater-Signifikanten nicht verstanden hätten,[96] und deswegen seien

---

[94] Appleton, T., Warum verschwanden die Neandertaler? Heyne (1998) S. 172-176

[95] Schulz, M., Todeskampf der Flachköpfe, SPIEGEL 12 (2000)

[96] Roux, M., in Sacco, F., Sauvet, G., Vom Wesen des Menschen, Psychosozial-Verlag (2004). Die Autorin meint allerdings,

sie ausgestorben. Kant hätten sie allerdings für einen total Verrückten und Besessenen gehalten.

Tatsächlich verhindert nämlich Kant mit seinem Fachsprechen zum größten Teil unsere Selbsterfahrung, d. h., dass wir uns konkret entdecken könnten, wenn wir ihn lesen. Vielleicht mag der Leser einen derartigen Anspruch als überzogen oder einseitig ausgefallen ansehen, schließlich lege ich auch nicht gerade simpelste Belletristik vor. Aber vielleicht kann man das, um was es uns geht, nur in so etwas wie einen wissenschaftlichen Roman einfangen, wie Freud es getan hat.[97] Immerhin unterschied auch Kant eine Wahrnehmung niedriger (z. B. die des *Strahlt*) und höherer Ordnung (die des *Spricht*), so wie dies die Kognitionswissenschaftler tun, nämlich Anschauungen einerseits und Verstandesbegriffe andererseits,[98] So versuchte Kant diese Kluft mit dem Prin-

---

der Neandertaler hätte das Wesen der Vaterzeugung nicht verstanden. Sicher hat er nicht derartige Details der biologischen Zeugung gekannt, war aber durch die enge Beziehung zur Natur darüber irgendwie im Bilde. Was aber stärker zu bewerten ist, ist das Vater-Wesen, das Vater-Symbol, die Paternalität als solche, nicht nur die väterliche biologische Zeugungsfähigkeit. Ich werde jedoch noch zeigen, dass der Neandertaler sehr wohl Zugang zu diesem Symbol hatte, ja sogar ganz im Sinne moderner psychoanalytischer Auffassung.

[97] Freud nannte sein letztes Buch 'Der Mann Moses' einen wissenschaftlichen Roman, weil er darin die romanhafte Schau mit einem wissenschaftlichen Sprechen verband.

[98] D. R. Hofstadter, der Autor des bekannten Buches 'Gödel, Escher, Bach', spricht von einer vorläufig noch unüberbrückbaren Kluft zwischen der Wahrnehmung auf 'unterer Ebene', also zwischen den noch mehr durch die Sinne geleisteten 'primären Repräsentationen der Welt, die noch nicht `sinnvoll´ sind', und der höheren Wahrnehmung, also den 'Repräsentationen auf der

zip der Vernunft zu überbrücken, auch wenn er ihr Vermögen zum Schluss sehr einschränkt.

Doch wo uns die Modelle der Kognitionswissenschaftler noch zu simpel-pragmatisch sind (der Wahrnehmungsvorgang lässt sich am einfachsten Computer modellieren), sind uns Kant und seine Nachfolger meist zu abstrakt-entrückt. Was wir brauchen ist eher eine Art von Logopädie, in der ein Therapeut das Stottern unseres Denkens und Wahrnehmens durch ein paar gute linguistische Übungen in einen flüssigen Diskurs verwandeln hilft, d. h. die Hauptarbeit machen wir selber, aber der Therapeut hilft uns dabei mit seiner Wissenschaft. Was wir brauchen wäre ein Kant im handlichen Taschenformat, wo die Prinzipien der Vernunft zu Prinzipien der Objekte würden, unserer alltäglichen Objekte, mit denen wir dauernd umgehen müssen[99]. Oder sagen wir besser psychoanalytisch: wo die Prinzipien als das, was sie nach Freuds Ansicht sowieso sind, nämlich Trieb-Objekt-Prinzipien, jedoch nur die zwei wie es der Andere des Wortes und das Andere der Sterne sind.

Kant fing bei der Frage nach den 'synthetischen Urteilen a priori' an, und da nämlich beginnt es bereits, dass wir uns auch von ihm nicht richtig behandelt fühlen, weil uns sein Philosophieren auffällt in der Weise, dass es das Konzept eines Anfangs schon durch das Ende enthält. Erst behauptet er

---

Stufe begrifflicher Vorstellungen' (Funktionslogik, Semantik), 'wo der gesamte vorhandene Sinn bereits eingebaut ist'.
[99] Der Buchtitel 'Der Gott der kleinen Dinge' der Inderin A. Roy verweist genau auf den Menschen, der nur Gott seiner kleinen Alltagsobjekte, Alltagsgeschichten ist, hinter denen d a s Objekt aufleuchtet, der wirkliche Gott, Liebe, Indien, d a s eben, als nicht zu fassendes Objekt, es sei denn, man liest das Buch. Nun ist A. Roy nicht weitergekommen, sie hatte kein therapeutisches Konzept.

nämlich, dass es analytische Urteile gibt, die automatisch a priori wahr sind, weil sie sozusagen schon in den Sprachregeln, die wir nutzen, wenn wir z. B. das Wort *nutzen* nutzen, enthalten sind: Nutzen nützt – ein analytisches Urteil, a priori wahr. Es ist aber auch irgendwie unsinnig, banal. Diesen Unsinn gibt Kant zwar zu, greift sich jetzt aber die synthetischen Urteile (die also nicht schon durch die Sprachregeln bedingt sind) und fängt dann an, ganze Bücher mit den Wahrheiten zu füllen, die er nunmehr durch einen Syllogieschluß der analytischen mit den synthetischen Urteilen[100] erhält.

So kann er dann leicht beim Wort *anfangen* anfangen: aktiv fängt die Ursache an (infit), sagt er, weil passives Anfangen als Kausalität Ursache wird (fit)[101]. Jetzt braucht er nicht mehr zu fragen, warum er im Wort *UR-Sache* schon die Sache präferiert (sie sozusagen 'urt', neandertalerisiert, urtümlich macht), anstatt im Wort *Anfang* den *Fang* zu präferieren, den er für sich somit getan hat. Kurz: er kommt auf diese Weise dazu, der Philosoph seiner Zeit zu sein, der Professor, der Universitätslehrer, der Wissende. Er sagt alles richtig, er weiß alles ganz genau - und dies gilt durchaus auch für heute noch - aber er sagt es nicht gut genug! Nicht so, dass wir es unmittelbar erfahren können. Alles ist richtig gewusst, aber nicht gut kommuniziert, nicht gut vermittelt! (Es war auch schon zu Kants Zeiten so, dass die Leser über seinen Werken stöhnten). Beim Neandertaler war es fast umgekehrt: Er sagte alles so lautmalerisch gut, so klingend, echosyllabisch, aber er wusste beinahe nichts.[102]

---

[100] Das Wort 'Urteil' beinhaltet nämlich in beiden Fällen häufig etwas sehr Verschiedenes.

[101] Kant, I., Kritik der reinen Vernunft, Reclam (1993) S. 499

[102] Dies ist kein Widerspruch zu früher Gesagtem, denn der Neandertaler *genoss* sein Wissen, und da genügte ihm schon ein wenig davon. Damit konnte er aber im konkreten, wissen-

Ich will also Kant nicht absprechen, einer der größten Denker auch noch unserer Zeit zu sein, jedoch klingt er für unsere Ohren unglaublich umständlich. 'Findet sich also erstlich ein Satz', sagt er, 'der zugleich mit seiner Notwendigkeit gedacht wird, so ist er ein Urteil a priori', d. h. unabhängig von aller Erfahrung. Aber was heißt das? Enthält dieser Satz nicht schon das ganze Problem der Philosophie, weil die Notwendigkeit des 'Sprechens' damit bewiesen wird, dass man spricht, und zwar eben von den Sätzen spricht, die mit ihrer Notwendigkeit zugleich gedacht werden? Weil es einen Punkt gibt, wo Denken 'Sprechen' ist und 'Sprechen' Denken? Hat Kant die Sprachregeln, in denen er denkt, selber hinterfragt, d. h. hinterdacht, hinter‚schaut'? Zur Zeit Kants gab es noch keine Sprachwissenschaft und so ist das Subjekt bei ihm Subjekt der Aussage und nicht des Aussagens. Sich selbst also, als einen, der den Bildungen des Anderen der Worte unterworfen ist, lässt er zu gutem Teil aus der Schau des Anderen der Sterne heraus.

Das Objekt und die Psychoanalyse

Denn damit diese Verwechslungen mit dem Subjekt der Aussage und dem des Aussagens in der Philosophie nicht immer weiter passierten, mussten erst die Psychoanalytiker kommen, die Wissenschaftler vom Unbewussten, die das menschliche Subjekt, das Subjekt des Unbewussten ins Zentrum ihrer Wissenschaft stellen und überhaupt keine Objektivierung als solche mehr zulassen, d. h. dass nichts mehr zum

---

schaftlichen Sinne nichts 'richtig' wissen, sondern eben nur mythisch. Wir aber wissen heute viel zu viel und der einzelne kann es gar nicht mehr genießen. Wir überlassen das Wissen immer neuen Spezialisten, anstatt dass wir uns mit reichlich fundiertem Wissen ausstatten und ansonsten Spezialist im Nichtspezialisiertsein bleiben. Nur so könnten wir der Spezialisierungssucht die Stirn bieten.

festen Objekt gemacht wird. Dass nichts mehr einfach starr als 'Urteil' feststeht und versachlicht wird. Wenn der Freudsche Trieb mit Hilfe eines *Objekt*s ins Ziel gelangt, d. h. zur Befriedigung, so ist zwar das Substanzielle, um das es sich handelt, das Genießen. Denn das Objekt selber, sagt Freud, ist das 'variabelste am Triebe'. Es kann mal dies, mal jenes sein. Mal ein 'orales' wie die an den Lippen des Kleinkindes assoziierte, ja fixierte *Brust* der Mutter (was die Neandertaler nicht wussten, dass ihre Leidenschaft in dieser Weise infantil motiviert war). Oder ein 'anales' wie das an den Fingern klebende Geld (dessen fäkale Klebrigkeit und Überbewertung wir meist nicht durchschauen). Mal ist es das 'Erlebnis-Objekt' (das *Strahlt*), dessen Faszination uns einwickelt oder das 'Klang-Objekt', also die Stimme (das *Spricht*) als ein Objekt, nach dem man - wie ich es in Fußnote [67] erwähnte – hörig werden kann. Hinter all dem steckt laut Freud die Suche nach dem 'verlorenen Objekt', das ideal zu sein schien und nie oder nur scheinbar 'wiedergefunden' wird.

Es handelt sich um eine eigenartige Angelegenheit, diese Suche nach d e m Objekt, nach dem totalen, universalen Objekt als einem Objekt des Entdeckens und des Genießens! Denn auf der einen Seite ist das Objekt ein Stückchen Materie, Gegenstand, Konsumgut, bei Kant transzendiert bis zu einem 'bloßen Etwas, wovon wir nicht einmal verstehen würden, was es sei, wenn es uns auch jemand sagen könnte',[101] dann wieder herunterstilisiert bis hin zu einer Art von seelischer, psychischer *Objekt*haftigkeit (eine psychoanalytische Spezialität also, die auch nicht leicht zu verstehen ist) als psychisches Objekt. Das Hereinnehmen des *Objekt*s ins Psychische, d. h. dass das Objekt draußen eine Verbindung hat mit dem drinnen, als psychischem Objekt, als innere Repräsentanz der 'guten Mutter' z. B., ist eine sonderbare Erfindung der Psychoanalytiker. Die 'gute Mutter' ist z. B. solch ein 'Erlebnis-Objekt', mit dem der Säugling innerlich seine Welt zu stabilisieren versucht.

Bekannte Therapeuten wie S. Mentzos beispielsweise erklären dieses 'gute internalisierte Objekt' (so etwas wie ein guter seelischer Halt) damit, dass man 'in der Lage ist . . .nach einem großen Misserfolg oder bei grob falschem Verhalten, sich selbst zu sagen: `Du hast zwar groben Unsinn getan . . Du hast eine wertvolle Verbindung verloren, dennoch im Grunde genommen bist Du trotzdem ein guter Kerl . .Du wirst wieder akzeptiert werden'.[103] So jemand, meint der Autor, wird nicht so leicht depressiv! Aber ist das nicht ein bisschen banal und auch gleichzeitig ziemlich realitätsfremd? War da nicht der Neandertaler ein viel besseres Vorbild? Sein introjiziertes Objekt war durch ein paar Echo-Syllaben ausgedrückt, melodisch laut, petrarkesk. Gewiss bestand es auch manchmal nur aus schmatzen oder grunzen: damit und mit noch ein paar anderen Silben lag man – besser: nuschelte man, immer richtig!

Psychoanalytisch ist der Begriff des Objekts oft dem des *Triebs* sehr nahe. Denn dass – wie oben erwähnt – der *Trieb* vermittels des Objekts zu seiner Befriedigung findet, ist nur der Sonderfall, den Freud angelehnt an das männlich dominierte Sexualleben so dargestellt und weiter entwickelt hat. In dem von Lacan ausgearbeiteten und von mir hier übernommenen Konzept der *Schau- / Sprechtriebe* (des *Strahlt / Spricht*) ist *Trieb* und Objekt oft nicht zu unterscheiden. Der *Blick* beispielsweise ist das Objekt des *Schautriebs*, der in seiner primärprozesshaften Form ja wiederum nichts anderes als die Schaulust, ja eben das *Strahlt* ist, ein dynamisches Etwas auf dem Feld der Visibilität, der Wahrnehmung als solcher. Es handelt sich um einen primären, einen fasziniert-faszinierenden, einen libidinösen Blick! Oft ist der Blick selbst des reifen Erwachsenen noch etwas, das total nieder-

---

[103] Mentzos, S., In Schwarz, F., Meier, C., Psychotherapie der Psychosen, Thieme (2001) S. 214

schmettern, beschämen, aber auch die Gier, die Geilheit entflammt zeigen kann.

Das gleiche gilt von der *Stimme*, die betört. Eine *Stimme* kann sich manchmal tief ins Gemüt des Hörenden versenken, so dass der Inhalt ihrer Worte gar nicht mehr genau vernommen wird. 'The medium is the Message', das Medium ist die Botschaft / Massage, wie es der Autor Marshall Mc Luhan schon vor langem doppeldeutig formulierte. Die Sprechlust ist die Lust, dem *Trieb* sich zu entäußern auf dem Feld der Textualität Raum zu geben, dem *Spricht* freien Lauf zu lassen. Kurz: die Naturwissenschaftler 'verobjektualisieren' noch das Objekt (sie verdoppeln es, sie geben ihm noch eins drauf), die Geisteswissenschaftler delirieren es und die Psychoanalytiker biegen und krümmen es, bis sie selbst ganz gekringelt sind, anstatt dass man einfach darauf losgeht, auf d a s Objekt per se! D a s , d. h. als universaliertes, so wie früher bei den Mystikern, die es dann den 'Stein der Weisen' nannten. Diesmal verwende ich jedoch die wissenschaftliche Form und definiere es als das vom Anderen des Wortes und der Sterne kombinierte Objekt, als 'linguistischen Kristall', als Kombinatorik von *Strahlt* und *Spricht*.

In der herkömmlichen, klassischen Psychoanalyse gibt es kein 'ideales Objekt'. Das wäre zu schön, um wahr zu sein. Das Ich ist für den Psychoanalytiker nur ein 'imaginäres Objekt', der Analytiker selbst nur ein 'Übertragungs-Objekt', die Mutter nur das 'primäre' und die Frau das 'sexuelle Objekt'. Damit will man in der Psychoanalyse die Unterscheidung von Subjekt und Objekt und die Wichtigkeit des Subjekts als Subjekt des Unbewussten herausstellen. Und dieses wird eben produziert durch die Primär-Identifizierung einerseits, durch dieses Blitzartige (denn es ist etwas ganz anderes als eine Nachahmung) eines primären *Strahlt*. Es geht dabei einerseits um eine Faszination des Blicks, um einen Schimmer (der Analytiker Kohut sprach in diesem Zusammenhang auch vom ˋGlanz im Mutteraugeˊ), eine visuelle Verdopplung, um das Andere der Sterne.

Ich fasse es vereinfacht zusammen, wie es z. B. der Psychoanalytiker Seidler dargestellt hat.[104] Bei Freud trägt der *Trieb* noch sehr biologische und männliche Züge und sucht seine Befriedigung in einer Art von Abreaktion, während Seidler das Triebziel in 'einer Wahrnehmung durch ein Wechselseitigkeit ermöglichendes Gegenüber' definiert. Ein Gegenüber, das spricht und blickt. Wir genießen, befriedigen uns also im Wahrnehmen eines Gegenübers, d. h. wir Sehen uns anerkannt, bestätigt in einer ganz bestimmten Art des *Strahlt*s der Erfahrung, des Wahrnehmens, nämlich – um die Metapher wiederaufzunehmen – indem wir nur in e i n e n Himmel schauen,[105] den Überraum stabil halten, das Andere der Sterne als einen vom Auge gelösten Blick erfahren. Man muss sich nicht nur mit Hilfe eines *Objekt*s befriedigen, an das man dann gebunden bleibt, und was man dann z. B. Sexualität nennt. Man kann das Sexuelle als solches nicht umgehen, aber man kann es in der Kombinatorik zweier *Grundtriebe* sehen und uns fragen, wie man diese Kombinatorik neu erfassen und ändern kann, wenn man will, d. h. wie man psychoanalytisch seine Wahrnehmung und Selbsterfahrung optimieren kann.

---

[104] Seidler, G.H., Der Blick des Anderen, Verlag Intern. Psychoanalyse (1995) S. 331

[105] In den religiösen Texten finden wir immer z w e i Himmel, den physischen und dann noch einen weiteren, den man 'spirituell' nennt, wo Gott oder die Götter leben. Aber warum zweimal den gleichen Begriff verwenden? Exakt das ist mythisch und wissenschaftlich nicht mehr vertretbar. Wer freilich im Mythischen verbleiben will, mag es weiter so halten. Aber er verwirft den Fortschritt, den wir seit der 'Aufklärung' gewonnen haben. Natürlich muss man die Dinge gut, schön, trefflich sagen und nicht kalt, nüchtern, leer und starr.

Wie man Befriedigung und Anerkennung erreichen kann. Oder wie man – ein anderer Psychoanalytiker, S. Kakar drückt sich hier ähnlich wie Seidler aus – 'die identitätsstiftende Kraft des erfassenden Blickes' nützen kann, jenes *Strahlt*-Blickes also, 'in dem man lernt sich zu sehen, wie Gott einen sähe'[106] (man muss dann allerdings wirklich etwas 'sehen', d. h. jenes seelische 'Fenster' offen lassen, [107] das z. B. auch die Maler durch eine bestimmte Komposition ihrer Farben und Formen in uns öffnen können). So kann man auch die identitätsstiftende Kraft der aus dem Unbewussten kommenden Stimme nutzen (was man in den Religionen, aber auch in der Meditation der *Analytischen Psychokatharsis* verwendet, wenn es sich so anhört, als käme sie von jenseits her). Kurz: wie das *Strahlt* und *Spricht* durch einen ihnen selbst innewohnenden, inhärenten Vorgang in einen befriedigenden Zusammenhang gebracht werden können.

Ich will dieses Problem im Moment so stehen lassen, denn man kann viel einfacher vorankommen, indem man mit Raum und Zeit, für Kant die eigentlichen unumstößlichen apriorischen Gegebenheiten, zwar nicht deren objektive, wohl aber deren formale Bedingungen verwendet. Formal – und hier bietet auch die Psychoanalyse Formalität – ist der Raum (gerade in seiner Universalität) das Andere der Sterne und die Zeit (gerade indem sie zählt, bestimmt) der Andere des Wortes. Dies würde schon genügen, denn ich will die ei-

---

[106] Kakar, S., Clement, C., Der Heilige und die Verrückte, C. H. Beck (1993) S. 210

[107] Siehe auch Lacan, J., Mitschrift des Seminaire XIII, L`objet de la Psychoanalyse, in dem der Autor das 'Fenster' als einen zweiten Punkt des Subjekts im visuellen Bereich bezeichnet, das Fenster als ein Schirm, hinter dem sich Gefährliches oder Verlockendes abzeichnet, das Fenster als faszinierter, verdeckter Blick.

gentliche Entdeckung dieser Disziplinen jedem selber im Training der *Analytischen Psychokatharsis* überlassen. Die formalen Bedingungen reichen aus.

Entspricht es nicht doch wieder genau dem psychoanalytischen Triebbegriff, wonach die Anschauung, Vorstellung das ist, was den Trieb im Psychischen 'urverdrängt' repräsentiert? Und wenn Kant schon 'Anschauung' sagt, handelt es sich dann nicht um den *Schautrieb*, den Freud häufig erwähnt? Um das *Strahlt* als solches? Der Raum ist nichts anderes als das Werk des Anderen der Sterne, als eine psychische, libidinöse, visuelle Formation. Ein *Schautrieb* ohne Objekt, oder besser, in dem das Objekt selbst der Blick ist, d. h. myriadenfacher Blick, ein sich ins Unendliche repetitierender Blick. Er ist im Grunde genommen durch so etwas bedingt wie das, was der blinde Photograph E. Bavcar das 'absolute Sehen' nannte.[108]

Es ist ein visueller Primärvorgang, d. h. seine Verdopplung, ja Vervielfältigung. Es ist ein Spiel mit der Erinnerung des 'Lichts', des *Strahlt*, der Spiegelungen. Und so zählen auch die Echos im Körper, bezüglich derer ich Lacan zitierte, dass die Philosophen nicht wissen, dass die Triebe das Echo im Körper sind, dass sie wie eine innere oder von jenseits her kommende Stimme wirken. Und eben weil sie so echoartig wie ein Metronom die Zeit skandieren, passen sie gut zum Anderen des Wortes. Denn dieser artikuliert sich ja nicht mit den üblichen Vokabeln der abgehobenen Eliten oder den Flüchen und Vulgaritäten einer stumpfsinnigen Masse, sondern in Form der Echos, die aus den Winkeln des Unbewussten stammen.

---

[108] Bavcar, E., Das absolute Sehen, Suhrkamp (1994). Der Autor zeigt darin Photos, die er zwar selber nicht physisch sehen kann, aber die seine Vision enthalten, die er den Sehenden vermitteln will.

Kant ging es also darum, zu zeigen, dass 'Erkenntnis a priori nur in der Einschränkung auf die formalen Bedingungen möglicher Erfahrung beweisbar' ist,[109] und das ist für meine Zwecke eigentlich schon genug. Das rein Formale. Das rein Topologische. Das rein Neandertalerische. Denn bei der 'Erkenntnisart von Gegenständen, sofern diese a priori möglich' sein soll, wird noch zu sehen sein, dass Kant etwas verdrängt. Irgendwie quält er sich da zum 'Ding an sich' empor und dazu, dass schließlich das vernünftelnde Subjekt triumphiert. Er doziert, er kommuniziert nicht. Es ist kein Spaß, ihn zu lesen. So müssen wir Kant wegen seiner Verdrängungen, seiner Komplexe nicht mehr so pedantisch genau folgen und können ihm doch gerecht werden. Mit der Feststellung vom Schautrieb, vom *Strahlt*, bleibt man vorerst dem Anfang treu, den auch Kant mit der Sinneserfahrung als Ausgangspunkt genommen hat. Mit der Empirie. Aber wir werden es dann einfacher haben.

Die Linguistik und ihr Signifikant

Die Linguisten unterteilen das Funktionieren der Sprache in die Wirkung des *Signifikant*en (Bezeichnendes) und des Signifikats (Bezeichnetes). Vereinfachend gesagt ist der Signifikant ein '*Zeichen* v o n jemandem', das man nicht weiter bezeichnen kann, ein Subjekt-*Zeichen*, während das Signifikat das Etikett ist, ein '*Zeichen* für e t w a s'. 'Ein Signifikant macht, dass derjenige, für den das *Zeichen* etwas bezeichnet, das *Zeichen* assimiliert, so dass derjenige selbst dieser Signifikant wird'.[110] Wie schon erwähnt: Bildhaftes

---

[109] Scheffel, H. D., Kritik der reinen Vernunft; in Kindlers Literaturlexikon, Bd.9 (1990) S.128

[110] Lacan, J., Le Transfert, Mitschrift des Seminaire Nr. VIII vom 26.4.61, B.R.L.F. Strasbourg. Ich kann noch folgende Hilfe anbieten: Einen Signifikanten kann man nicht signifizieren, er ist ja selber der, der das Wesentliche der Signifizierung besorgt, er ist

wird so verinnerlicht, wird zum eigenen 'Fleisch' assimiliert, so dass es schließlich phonematisiert werden muss, um nicht völlig der kannibalistischen Ordnung zu verfallen. Morphem und Phonem stehen sich in Opposition gegenüber (man spricht auch von der Opposition des verbalen und imaginären Signifikanten), so dass alles zusätzlich durch Gegenteiliges, ja manchmal Widersprüchliches und doch Zusammenwirkendes gekennzeichnet wird, um nicht in psychotisches Denken zu geraten.

Der Signifikant ist der große Vergegenwärtiger, denn er ist 'das Symbol einer Abwesenheit',[111] er vergegenwärtigt das Unsichtbare, das Viele, das, was in der Vielschichtigkeit für was es *Spricht*, sternenklar (*Strahlt*) zu entdecken wäre, Man kann sich das am besten so vorstellen, als klänge bei jedem Sprechen etwas wie von jenseits dieses Sprechens dazu, nämlich der Andere des Wortes, der so wirkt, als würde das Sprechen erst dadurch, weil es eine Art Echo von jenseits her erfährt, zum wirklichen Entdecken und Erfahren gebracht (und umgekehrt, das Entdecken des Sternenklaren kann nur durch eine Andersheit bestätigt und gefestigt werden). Auch in den Märchen ist dieses Echo nicht nur Phantasie: Wenn die Goldmarie, die im Märchen die Brote mehrmals rufen hört ('holt uns heraus'), hörte sie im Feuer dieser Wiederholung den wahren Sachverhalt. Noch heute ist dies in der indonesischen Sprache sichtbar: hati heißt Herz (*Strahlt*), aber das Echo ,hati hati' heißt ,gib acht' (*Spricht*).

Linguistisch betrachtet erzeugt erst eine Kette von Signifikanten den Sinn, der einzelne Signifikant ist dazu nicht fähig. Der Signifikant `Raum´ beinhaltet all das Raumartige,

---

– um es in meiner Ausdrucksweise zu sagen – der Andere des Wortes, von dem es kein genügendes Anderes der Sterne gibt. Das Symbolische, das kein eindeutiges Bild hat, kein passendes Imaginäres.
[111] Lacan, J., Schriften Bd. I, Walter (1980) S. 23

Anberaumte, den Anschauungsraum, die Raumgeometrie, das Raumgefühl bis hin zu den Zeichen von dem, der alles verräumlicht, vom 'Räumer' selbst. 'Der Raum ist' somit – psychoanalytisch gesagt und im Gegensatz zur Auffassung Kants – 'überhaupt keine Kategorie a priori der sinnlichen Anschauung.'[112] Es gibt in ihm auch ein *Spricht*, das die Zeit darstellt, in der der „Raum" seine Signifikanz erst richtig erhält. Der Raum als solcher ist also eine *Strahlt*-Verwirrung, das Andere der Sterne, der imaginäre und vordergründige Signifikant, der den verbalen Skandierungen unterliegt, die die Zeit ist.[113] Denn eine Zeit an sich existiert nicht.

Man kann dies wiederum so gut beim Neandertaler verstehen. Sein Sprechen war ja – wie ich schon ausführte – wahrscheinlich anfänglich nur von wenigen Vokalen und noch weniger Konsonanten bestimmt. Die Konsonanten sind aber wesentlich, um sogenannte Verschlusslaute zu bilden, denn die dienen dazu, dem Sprechfluss letztlich einen komplexeren Sinn zu geben. Der Frühmensch konnte auch noch keine Verschluss- und Knacklaute bilden, [114] aber Vibrationslaute, Plosive und einfache Frikative und bestimmte Vokale, evtl.

---

[112] Lacan, J., L`angoisse, Seminar X, (1962/63) S. 341 Übersetzung G. Schmitz

[113] Bei Kant wird dem Anschauungsraum die Zeit gegenübergestellt, deren Skandierungen etwas mit der Einwirkung der Verstandesbegriffe auf die Erscheinungen zu tun hat, worin man unschwer das *Spricht* einordnen kann.

[114] Das Tier kennt nur eine Signalsprache, keine vollständige Symbolsprache, in der die Worte von jedem Handlungsbezug vollständig entkoppelt sind. Siehe z. B. die Bemühungen, Schimpansen das Sprechen beizubringen bei R. Fouts, Unsere nächsten Verwandten, Limes (1998), wo der Autor beschreibt, wie er zwar eine große Anzahl von Worten den Schimpansen übermittelt, aber sich nicht ein selbstständiges unabhängiges Gespräch entwickelt.

auch einzelne Konsonanten (Klosanten) auszudrücken war ihm möglich. Zudem – oder in Verbindung damit – kann er von der Situation unabhängige Symbole artikulieren und damit etliches sagen, aber er tat dies tonhafter, singartiger, mit mehr Atemtechnik, mit Lufthervorstoßungen und mit wenig Kehlkopf. Zwischen dem Ausstoßungs-, Explosionslaut pa und dem Implosionslaut ap beispielsweise konnte er nicht vollkommen unabhängig von seiner Atmung wechseln. Aber er legt alles in sein 'Wort', er lautet mit Haut und Haaren aus sich hervor, er platzt direktissimo aus sich heraus.

Doch noch einmal zu Kant. Ich bin von ihm ausgegangen, dass es so unbefriedigend ist, ihn heute zu lesen, weil er so komplex theoretisch daherkommt, aber es sich angeboten hatte, nur von seinen a-priorischen Gegebenheiten Raum und Zeit auszugehen. D. h. ich wollte Kant zwar nicht ganz unphilosophisch, aber doch praktisch psychologisch angehen, psychoanalytisch. Kants moralisches Gesetz (der kategorische Imperativ) [115] repräsentiert – so Lacans Stellungnahme in seinem Aufsatz über ‚Kant mit Sade' – genau die Begierde des Marquis de Sade in dem Falle, 'wo es nicht das Subjekt, sondern das Objekt ist, das fehlt'.[116] 'Das Gesetz und die verdrängte Begierde sind ein und dasselbe'. Das Objekt, das bei Kant fehlt, ist das Weibliche (ich betonte oben bereits seine Angst vor den Frauen), das zu entdeckende und zu genießende Objekt, das Andere-Geschlecht. Ewig umkreist Kant dieses 'einige Urwesen als höchstes Gut'[117] und man spürt hinter diesem Machwerk an Gelehrsamkeit, dass es sich um ein *Spricht* ohne tiefes *Strahlt* handelt. Man spürt die im psychoanalytischen Sinne verdrängte Begierde, genau

---

[115] „Handle nur nach derjenigen Maxime, durch die du zugleich wollen kannst, dass sie ein allgemeines *Gesetz* werde".
[116] Lacan, J., Schriften II, Waler (1975) S. 152-154
[117] Kant, I., Kritik der reinen Vernunft, Reclam (1993) S. 827

jene, die Sade zum Gesetz seiner Philosophie machen will, in der nur er *Strahlt* und mit niemand mehr *Spricht*.

Kant war ein Kauz, ein extremer Eigenbrötler, das ist wahrscheinlich allgemein bekannt. Seine Biographen schreiben: Kant 'sei nicht ein erklärter Feind der Ehe gewesen, sondern habe zweimal den festen Vorsatz gehabt, `würdige´ Frauenzimmer zu ehelichen, doch sei er mit dem Entschluss und dessen Verwirklichung so langsam vorangekommen, dass er gegenüber Konkurrenten ins Hintertreffen geriet'.[118] Die Psychoanalyse erklärt die Ehelosigkeit Kants mit einem Mutterkult, der andere Bindungen an Frauen verhindert habe', schreibt ein anderer Biograph des großen Philosophen, doch 'der Philosoph selbst sah die Sache anders.

`Da ich eine Frau brauchen konnte, konnt` ich keine ernähren; und da ich eine ernähren konnte, konnt` ich keine mehr brauchen', sagte er.[119] Diese etwas zynischen Witzchen waren typisch für Kant, verraten aber, dass es wohl eine grundsätzliche Hemmung gegenüber dem Objekt als solchem gab, dem Anderen der Sterne. Kant war vielfach etwas steif und zwanghaft und oft in eigenartiger Weise ironisch, wenn er sagte: 'Liebe Freunde, es gibt keinen Freund'! Kant pflegte zwar eine gewisse Geselligkeit, aber offensichtlich gab es irgendein Trauma in seinem Leben, das ihn von einer echten, tiefen Freundschaft genauso wie von der Liebesbeziehung zu einer Frau zurückhielt.

Neben der Zwanghaftigkeit war es vor allem die Hypochondrie, die ihn umtrieb. 'Um seinen Körper keiner unnötigen Strapaze auszusetzen, überzog er sein Leben mit einem Koordinatenkreuz von Gesundheitsregeln, denen er sich willig fügte. Ein sorgfältig berechnetes System bestimmte die Diät der Mahlzeiten, auf Jahrzehnte lag die Dauer seines

---

[118] Schultz,U., Kant, Rowohlts Biographien (1995) S. 50
[119] Gulyga,A., Immanuel Kant, Suhrkamp (1985) S. 75

Schlafes fest, sogar die Art seines Nachtlagers und die Methode, nach der er sich zudeckte. J. B. Botul meint, das exakte Einwickeln in zwei Leintücher habe der Verhinderung von Masturbationsbestrebungen gedient.[120] Bewiesen ist dies aber nicht. Selbst seine Spaziergänge machte Kant allein, nicht um in Gedanken von anderen ungestört zu bleiben, sondern um sich nicht ‚rheumatischen Affektionen auszusetzen, wenn er zum Sprechen den Mund öffnete'.[121]

Natürlich erhebt sich die Frage, inwieweit ich berechtigt bin, biographische Details in Bezug zum Werk eines großen Denkers zu setzen oder gar die Art seines Werkes daraus abzuleiten. Schließlich ist es immer schon eine wichtige Diskussion gewesen, inwieweit man den Charakter eines Künstlers mit seinem Werk in Beziehung setzen darf. Der Nobelpreisträger und Entdecker der Prionenerkrankung C. Gajdusek wurde wegen Pädophilie angeklagt, der Maler E. Nolde fiel in Ungnade, als bekannt wurde, er habe mit dem NS-Regime geliebäugelt, und in der ‚mee-too' Debatte wurden zahlreiche bekannte Filmemacher und Sänger wegen sexuellen Missbrauchs angezeigt. Selbst Goethe wurde vom Psychoanalytiker K. Eissler in seiner umfangreichen Biographie verdächtigt in zu enger Beziehung zu seiner Schwester gestanden zu haben, aus der vieles in sein Werk einfloss.[122]

Auch beim Philosophen, M. Heidegger steht seine heikle Beziehung zum Nationalsozialismus zwischen ihm und seinem Werk. Und bei Michel Foucault stolpert man über seine homosexuell-sadomasochistische Subkultur, die dem so großen Denker der Neuzeit dann auch noch den frühen Tod als einer der ersten Aids-Kranken einbrachte. Aber ich will wohl die Philosophen ein bisschen schlecht machen, weil die Psy-

---

[120] Botul, J.-B., Das sexuelle Leben des Immanuel Kant, Reclam (2001)
[121] Schultz, U., Kant, Rowohlts Biographien (1995) S. 50
[122] Eissler, K.R., Goethe, DTV (1987)

choanalyse hier ein Wort mitzureden gehabt hätte, indem sich hinter dem 'logisch gerichteten' Denken der meisten von ihnen ein sehr definitives unbewusstes Begehren verbirgt, das sie doch selbst noch besser hätten klären können. Sie hätten es sogar im selbstanalytischen Vorgehen tun können wie es von K. Horney, F. Alexander oder M. Erdmann beschrieben wurde. Mit der *Analytischen Psychokatharsis* kann jeder Analytiker seiner selbst werden.

2. 2 Gott und Hirn

Dieses endlose Fragen der Philosophen, diese endlosen Ver-
begrifflichungen bringen uns also irgendwo und -wann nicht
mehr weiter. Die Sprache der Geisteswissenschaftler, der
Philosophen, stellt eine Formalisierung dar, wie sie für die
Wissenschaft zwar notwendig, jedoch seit dem Heraufkom-
men neuerer Wissenschaften, der Semiotik, der Neurophilo-
sophie, der Psychoanalyse und einiger anderer, nicht mehr
haltbar ist. Entweder wird das Subjekt der Wissenschaft
durchformalisiert, durchrationalisiert wie bei Kant, oder es
wird das Objekt selbst zur Formel gemacht, wie bei de Sade
oder Marx. Bei letzterem Autor werden Formeln wie etwa
der 'Mehrwert' oder die 'Reproduktion wirklichen Lebens'
wie Objektivierungen, wie Objektives gehandhabt, ohne den
Prozess des Sprechens selbst in jedem Moment als Ausdruck
einer tieferliegenden Kombinatorik sichtbar zu machen.

Wir hatten das schon bei Merleau-Ponty gesehen, dass er mit
seinen Formeln ganz nah am Wesentlichen ist, da z. B., wo
er vom 'Fleisch' spricht, vom Libidinösen, das wie ein auf
ewig unerlöstes Begehren in seiner 'Rotheit' dahinschwelt:
das 'Fleisch als Sichtigkeit und als Ort einer Einschreibung
von Wahrheit',[123] und doch haben wir dadurch nichts in der
Hand, können uns kein Stück davon abschneiden, uns damit
nicht verändern oder selbst erlösen. Wie schon Marx könnte
man wetten, dass die Philosophie hier am Ende ist. Aber
Marx ging dann den sozialpolitischen Weg und nicht den des
Reformers seiner selbst. Da liegt der Haken! Zuerst muss
man doch sich selbst durchleuchten, sich selbst revolutionie-
ren, indem auch ein radikales Nichtdenken, ein nacktes Formales mit eingeschlossen ist.

---

[123] Merleau-Ponty, M., Das Sichtbare und das Unsichtbare, W.
Fink Verlag (1994) S. 173

Denn nur dieses je eigene Formale ist eine Art von *Objekti*-vierung des Subjekts, von Subjekt-Objekt-Kombination. Lacan beruft sich häufig in seinem Werk darauf, dass jeder menschliche Trieb schon 'in seiner Entwicklung als Subjektivität organisiert ist,[124] also als Kombination dessen, was ich ursprünglichst bereits als Aussage ,erschaue' und als wirklich Definitives auch ,spreche'. Wir müssen in dem leben, was uns die Signifikanten vergegenwärtigen, diese großen Vergegenwärtiger des Abwesenden. Viele Menschen stürzen sich in eine Gegenwart, ins 'Hier und Jetzt', aber sie stürzen sich dabei nur in eine Realität, die von gestern oder von übermorgen ist, anstatt dass sie sich in die Signifikanten stürzen, wie sie in der *Analytischen Psychokatharsis* als rein Formales, und damit neutrales, sicheres Werkzeug genutzt werden können.

So kann nicht das passieren, was Esoteriker, die dieses Problem viel zu wissend, zu überschlau und damit zu einfach angehen: C. Griscom z. B., eine amerikanische Esoterik Managerin, beschreibt dieses Genießen des Körpers als solchem zweifellos authentisch, als sie allein in der Wüste mit dem Sternenhimmel über sich in Ekstase (Levitations- und Glücksgefühle) geriet. Sie kommt dann aber zu so aberwitzigen Deutungen dieses Erlebens, in denen sie diese ihre Erfahrung wieder völlig vernichtet. So meint sie, dass es sich bei ihrer ekstatischen visuell-körperhaften Erfahrung um einen 'kosmischen Orgasmus' gehandelt habe, und weil sie dann irgendwie bemerkt, dass es da ja auch einen Jemand gegeben haben muss, Mister Kosmos (den großen, realen Anderen) sozusagen, schließt sie einfach kurz und stößt aus sich heraus: 'Gott ist Orgasmus'.[125] Nichts anderes hat der geisteskranke Senatspräsident Schreber behauptet, über den

---

[124] Lacan, J., Schriften I, Walter (1975) S. 101
[125] Griscom C., Die Frequenz der Ekstase, Goldmann (1988) S. 142 und 162

Freud und Lacan ausführlich geschrieben haben, und dessen Psychose darin gipfelte, das 'Lust-Weib Gottes zu sein'. 'Gott ist Orgasmus' ist entweder ein Widerspruch in sich selbst oder aber eine Aufforderung wie Schreber transsexuell zu Gottes Weib zu werden. Während Griscom voll das Andere der Sterne erfährt, zur Beschreibung und Erklärung aber nur die gewohnten, dahergeredeten Wörter verwendet, ist Schreber selbst der Andere des Wortes, verfällt aber den Glitzer-Strahlen des Transsexuellen. Sein Himmel ist mit Geistern bevölkert, während Griscoms Gott ganz banal Sex hat.

Es ist ein großes Manko der Geistes-Wissenschaften, die Formalisierung des Wissens so zu betreiben – indem es zuviel Wissen ist, anstatt das Wissen in Latenz, d. h. in struktureller Abwesenheit zu halten – dass das Subjekt an der wissenschaftlichen Forschung nicht beteiligt wird. Denn nur dann könnte das Wissen nicht nur als szientistisches, sondern am Platz der Wahrheit des Einzelnen selbst erscheinen. Am eklatantesten und oft am einfachsten ist dies an den Problemen der Theologie zu sehen. Sie will Wissenschaft sein, aber das Objekt ihrer Wissenschaft ist nicht nur von vornherein schon erforscht, es ist selbst der beste Erforscher, weil absolut, weil allumfassend, allwissend und allmächtig.

Der Theologe W. Beinert z. B. geht in seiner 'Einführung in die Theologie'[126] so vor, dass er zuerst einmal den 'Glauben' an den Anfang stellt, den Glauben als solchen. Warum nicht; man könnte das so stehen lassen, denn auch niemand würde dieses Buch hier lesen, wenn er nicht glauben würde, ein gewisses Vorvertrauen hätte, dass etwas Lesenswertes drin steht. Ohne dass wir irgendwie der Welt glauben, dass sie ist, existiert – Wahrnehmungsglauben nennt dies Merleau-Ponty – geht überhaupt nichts. Dann kommt Beinert, so wie ich es

---

[126] Beinert, W., Wenn Gott zu Wort kommt, Einführung in die Theologie, Herder (1978)

hier tue, auf das Grundlegende der Sprache zu sprechen, und somit sind Sätze also zuerst einmal Glaubenssätze, Worte Glaubensworte. Hier liegt schon das erste Problem, denn es könnte ja elementare Entäußerungen geben, ein *Spricht*, das nicht mehr geglaubt werden muss, weil es als Sprechtrieb schon – wenn auch nur unbewusst – da ist.

Aber gut, das *Spricht* muss ja kein ganzer Satz sein. In diesem Glaubenssprechen also kommt nun dieses eigenartige Wort Gott vor, und davon kann man durch wissenschaftliche, durch 'Beobachtungssätze' vorerst auch nichts sagen, höchstens – so Beinert – 'es ähnelt dem Wort Ich'. Und da sitzt wieder ein toller Trick! Glücklicherweise haben wir Freud gelesen und wissen, dass man vom Ich sehr wohl Vieles und Verschiedenes sagen kann, denn das 'Ich ist ein imaginäres Objekt'. Das Ich besteht aus Bildern, aktuellen, erinnerten, die sich übereinanderschichten und uns so eine Repräsentanz von uns selber geben (psychoanalytisch: Selbstrepräsentanz). 'Man bedient sich des Ich, wie der Bororo sich des Papageis bedient. Der Bororo sagt, *ich bin ein Papagei*, wir sagen, *ich bin Ich*. All das hat keinerlei Bedeutung, die Hauptsache ist die Funktion, die das hat'.[127] Und diese Funktion besteht darin, dass diese Selbstrepräsentanz sich der Objektpräsentanz gegenüberstellt.[128] In der Analogie von Gott und Ich reißt Beinert sich diese Funktion jedoch einfach als schon vereinheitlicht, als fertig geschlossen, unter den Nagel.

---

[127] Lacan, J., Das Ich in der Theorie Freuds, Seminar Nr.II, Walter (1980)
[128] In der Psychoanalyse geht man davon aus, dass am Anfang des Lebens das Kleinkind die Selbst- und Objektrepräsentanzen noch nicht klar unterscheiden kann. Sein eigenes Ich verschmilzt mit der Brust der Mutter als gehöre diese auch zu ihm. Erst später werden diese Repräsentanzen differenziert gehandhabt.

Der Theologe bedient sich offensichtlich des Wortes Gott als Symbol für das, was er sucht, obwohl er es schon vorher in dem gefunden hat, was er Gott nennt, was Gott geheißen wird, nämlich die universale Form einer Art von ganz großem Wort-Ich, von 'Spr-Ich-t', einem – wie schon erwähnt – 'gelungenen', fertigen, idealen Objekt. Es ist auf jeden Fall jemand, der auch ohne Ich oder wie ein absolutes Ich sprechen kann, d. h., der alles einheitlich, universal und perfekt diktiert. Der als 'Einheit' spricht, als Anfang und Ende von allem (Die Frage nach dem Erfassen und Genießen wird nicht gestellt, das Andere der Sterne fehlt bzw. geht in die fertige Kombination nicht ein, denn Es, ER spricht s i c h selbst). Der – neandertalerisch ausgedrückt – sich wie ein 'universales Essen' verspricht (und tatsächlich tat er dies zumindest im Christentum symbolisch mit der Aufforderung, Brot und Wein als seinen Leib und sein Blut zu konsumieren). Beinert drückt nur anders aus, was schon in der Bibel steht, nämlich dass am Anfang das Wort war, und Gott mit diesem von vornherein schon identisch ist. Aber Beinert will ja Wissenschaftler sein.

Demzufolge – und weil er wohl Schwierigkeiten ahnt – führt Beinert weiter aus, dass es wissenschaftlichem Vorgehen entspricht, dass 'man bereit sein muss, sich auf Gott einzulassen.' Sich darauf einlassend erfährt man nun, dass das Wort Gott für die 'schöpferische Interpretation der Wirklichkeit' steht, dass dadurch 'der Sinn in der Wirklichkeit schon gegeben ist' und dass insofern 'Sätze nur Sinn haben, wenn es Gott gibt' – quod erat demonstrandum (es gibt Gott, weil er wie eine fertige psychische Ich-ähnliche Instanz sprechen kann, und damit ist eben schon alles gesagt). Doch noch nicht genug der kühnen Folgerungen, vielmehr schließt der Autor jetzt, dass die 'christliche die beste und einzigartige Gotterkenntnis ist,' weil durch die historische Rolle des Jesus von Nazareth gegeben etc, etc. Weil er von Anfang an das Neue Testament gedacht hat, mündet seine Wissenschaft in das, wozu er gar keine Wissenschaft gebraucht hätte. Weil sein *Strahlt* und *Spricht* von vornherein in den vier Buchstaben *G, o* und Doppel-*t* (und zwar noch dazu den christlichen) bereits kombinatorisch, 'fleisch'haft, fixiert sind, kommt er zu jedem für ihn irgendwie wünschenswerten Ergebnis, denn *G, o,* und *tt* selbst wehrt sich nicht, weil er – gerade und nur für den Theologen – irgendwie tot ist, Freuds gemordeter Vater!

Die Menschen, die an Gott glauben, schließen meist sehr menschliche Kompromisse im Leben oder sie verzweifeln an ihm, aber der Theologe ist der, der um den Tod Gottes weiß (von dem Nietzsche so viel geredet hat) und der somit der einzige ist, der wirklich Atheist sein kann. Deswegen ist der tote, der jenseitige Gott, der ohne Ich oder als absolutes Ich spricht, der nur noch auf dem Papier der Bibel zu haben ist, der transzendental spricht wie ein Algorithmus, als absolutes 'Ein', als 'Mein-Fleisch-von-deinem-Fleisch', für ihn der einzig mögliche Signifikant. Der Theologe genießt Gott nur als imaginäres Objekt, das gleichzeitige Entdecken aber (vom Baum der Erkenntnis lustvoll essen) ist ihm verboten (oder er genießt nur ein bisschen und entdeckt auch nur ein bisschen).   Gott ist ein toter Vater, und Beinert hadert mit diesem Vater-Signifikanten!

Ist also nicht der geisteswissenschaftliche Traum, aus dem man im Grunde genommen gar nicht aufzuwachen braucht, weil er im Wachzustand der gleiche ist, einfach zu oberflächlich geträumt? Längst ist die Zeit vorbei, wo man Gott wirklich ‚geschaut' hat (als Offenbarung)! Die alten Religionsstifter hatten noch einen kleinen Rest von jenem Blick des Frühmenschen, aber heute ist dies endgültig passé. Es ist deswegen passé, weil die Menschen früher, die Menschen beispielsweise zur der Zeit, als das Alte Testament geschrieben wurde, von *Gedächtnis* und *Erinnerung* einen ganz anderen Gebrauch machten als wir heute. Das Wort *Gottes*, hebräisch *dabar*, hatten sie ständig im Gedächtnis, und sie gebrauchten die Schrift nur zur Erinnerung. Sie brauchten die Schrift nur dazu, die Erinnerung anzustoßen, aufflackern zu lassen, schon war JHW da.

Sie kamen nämlich bestens mit einer Konsonantenschrift aus. Kaum hatten sie die Schriftzeichen gesehen, wussten sie schon um was es ging und konnten den Rest fast auswendig, also aus dem Gedächtnis, heruntersagen.[129] Auch Homers Epen wurden aus dem Gedächtnis rezitiert und erst später schrieb man davon mehr und mehr auf, jedoch anfänglich nur als Stütze für die Erinnerung. In dem Moment jedoch, wo die Erinnerungsstütze zunehmend selbst Gedächtnis wurde, kam man mit der reinen Konsonantenschrift nicht mehr aus. Jetzt musste man so schreiben, wie es gesprochen wurde, also auch mit den zugehörigen Vokalen, und damit war es mit dem Anderen des Wortes und der Sterne als Einheit, mit den Offenbarungen *Gottes* vorbei. Die Theologen sind so in einer erbärmlichen Situation. Der von der Bild-Sprache über die Konsonantenschrift bis zum heutigen Buch transskribierte Gott ist nicht mehr rekonstruierbar, nicht mehr lebbar, geschweige, dass er noch lebendig oder gar assimilierbar, 'essbar' wäre.

Der bekannte Philosoph und Sprachwissenschaftler Searle löst das Problem der *Strahlt*-Form des Geistes (Gottes) und dem *Spricht* des Menschen einfach dahingehend, dass der Geist (der subjektiv, intentional und bewusst ist) auf die Materie, den Körper einwirken kann, aber 'nur deshalb, weil diese obere Ebene (Geist) durch die unteren Ebenen (Körper, Materie) verursacht und in ihnen realisiert ist'.[130] Der Geist ist bei ihm nämlich mit Gehirnfunktionen identisch. Das Unbewusste ist dann nichts anderes als komplexe 'intentionale Netze', d. h. Absichten, mehr oder weniger halbbewusste

---

[129]   Linke, D.B., Religion als Risiko, Rowohlt (2003) S. 261-263
[130]   Searle, J. R., Geist, Hirn und Wissenschaft, Suhrkamp (1986) S. 94

Intentionen sind so vernetzt, dass sie unbewusst erscheinen, verdrängt. Aber über das Gehirn wissen wir natürlich noch nicht genug und so ist es ähnlich wie mit dem Gott, der alles weiß: weil das *Spricht* und *Strahlt* von Searle sich permanent in den noch ganz indifferenten, unklaren vier Buchstaben H.i.r.n. kombinatorisch befreit, kann er alle möglichen Kühnheiten sagen: dass 'Gedanken Hirnaktivitäten sind' und dass 'die Menschen wissen, ohne Beobachtungen vorzunehmen, was sie tun'. Denn das Gehirn ist für diese Forscher – in gewisser Weise – wie früher der Gott allwissend. Sehr häufig wissen die Menschen leider nicht, was sie tun, auch wenn sie Beobachtungen vornehmen. Das Schicksal der meisten Menschen auf dieser Welt zeigt es uns täglich. Sind Gedanken wirklich nichts anderes als 'Hirnaktivitäten' wie viele Neurowissenschaftler heute sagen? Gott mag als ideale Kombinatorik von *Strahlt* und *Spricht* nicht mehr so aktuell sein, aber können wir durch den menschlichen Geist dies nicht anders bewerkstelligen? Gewiss mit Hirn, aber doch nicht nur damit.

Die Bewusstseinswissenschaftler, manche nennen sich auch Neurophilosophen, sind im Moment also scheinbar die Gewinner dieser Diskussion. Sie sagen: 'Bewusstsein ist schlicht und einfach ein Aktivitätsmuster von Neuronen',[131] es ist eine 'serielle, virtuelle Maschine', die mit der parallelen Maschine des Gehirns verschaltet ist. Metzinger hat in einem 800-Seiten starken Werk Beiträge verschiedener Philosophen, Neurowissenschaftler und Kybernetiker zusammengetragen, von denen natürlich keiner eine wirkliche Klärung bringt, was Bewusstsein ist. Es ist auf jeden Fall ungeheuer komplex. Diese Komplexität veranlasst Nørretranders, das Bewusstsein als das Ergebnis einer umfassenden Aussortierung von Information zu bezeichnen, einer meist täu-

---

[131] Churchland, P.S., Die Neurobiologie des Bewusstseins, in Metzinger, Bewusstsein, Schöningh (1996) S. 474

schenden Aussortierung. 'Das Bewusstsein ist Tiefe, erlebt als Oberfläche',[132] alles richtige, originelle Aussagen, aber sie führen zu keinem Schluss. 'Die Welt begann', sagt Nørretranders an anderer Stelle, 'als nichts sich selbst im Spiegel sah' – das ist das Andere der Sterne, das *Strahlt* per se! Doch dann kommt er zu langatmigen philosophischen Bewusstseinstheorien, das typische, heruntergeleierte *Spricht* der Geisteswissenschaftler, dem der unbewusste, große, bedeutende Andere des Wortes nicht innewohnt.

Der Neurowissenschaftler J. Eccles und der Philosoph H. Popper haben in ihrem 3-Welten-Modell versucht, der Seele in Form der Welt 2 einen Ort zuzuweisen (Welt 1 ist die physische, Welt 3 die geistige). Aber sie kommen über das Hegelsche Modell eines Selbstbewusstseins, also von etwas, das sich seiner selbst bewusst wird, das sich als eigenständiges Selbst erfasst, Todesbewusstsein, Sterbensbewusstsein hat, und somit im Räsonieren seiner Selbst eine Krönung finden kann, nicht hinaus. Und so kann auch Eccles sich nur zu der Formulierung durchringen, dass über 'die Welt bewusster Erfahrung (Welt 2) wir nur wissen, dass man sagen kann, sie habe eine neu entstehende Beziehung zur evolutionären Entwicklung des menschlichen Gehirns'.[133] Aber das liegt nur daran, dass diese Forscher das Ausmaß der Entdeckung des Unbewussten, des Möbiusbandes, der Neandertalerisierung von 'Schauen' und 'Sprechen' nicht gebührend erfasst haben.

So scheitert Eccles nämlich an der neuro-kognitiven Sackgasse genauso wie die Physiker an der materialistischen und die Philosophen an der linguistischen. Da sich neurophysiologisch kein Ausweg zeigt, wie man Seele und Gehirn verbindlich-verbunden erklären kann, landet Eccles nämlich ge-

---

[132] Nørretranders,T., Spüre die Welt, die Wissenschaft des Bewusstseins, Rowohlt (1997) S. 414
[133] Eccles, J.C., Gehirn und Seele, Piper (1988) S.

nauso wie Einstein und Kant, Descartes und Hawking bei der Annahme einer allgegenwärtigen Kraft (z. B. Gott), der letztlich doch noch für alles verantwortlich ist. Eccles beruft sich zwar genauso wie wir auf die Sprache als wesentliches Merkmal des Menschen, Mensch ist nur, wer den Sprachtest besteht, der Descartes entsprechend darin zu sehen ist, dass z. B. eine Maschine, 'die auf alles, was in ihrer Gegenwart gesagt wird, in der *richtigen* Art reagiert (kursiv vom Verf.).' In der richtigen Art reagiert man, wenn man, so Eccles, die 'höheren Funktionen der Sprache', die argumentierend oder behauptend sind, d. h. die 'behauptende Sprache' benutzt. Das klingt wieder sehr nach dem absoluten widerspruchsfreien Hegelschen Diskurs. Warum soll eine 'behauptende Sprache' besser sein als z. B. eine 'fragende Sprache'? In Fragen zu sprechen kann vielleicht bessere Antworten beinhalten, als – oft über den Kopf anderer hinweg – zu behaupten.[134]

Der Fehler des Neurophilosophen liegt also darin, dass er physikalisch u n d philosophisch denkt, ja denken muss, d. h. gespalten. Er hat keine ungespaltene, eigene Sprache, die mit einer ungespaltenen Wahrnehmung oder Wirklichkeit kombiniert ist. Er kann nicht erfassen und genießen zugleich. So kann er auf die Frage nach dem Wesen des Menschen keine wirkliche Antwort geben und sieht sich selbst gezwungen als letzte Reserve noch einen omnipotenten Gott anrufen zu müssen. Da war ja noch in einem einfachen Kinder-Science-Fiktion-Film besser beschrieben, was der Sprachtest ist : In diesem Film ging es um Roboter, die ein Mann ge-

---

[134] Jäggi, U., Drinnen und draußen, In Habermas, J. (Hrsg) (1979) Bd. 2 S. 443 heißt es z. B.: 'Wir brauchen . . eine neue Art des Fragens, eine Unruhe im Denken und in der Sprache, welche die monotonen Erklärungsversuche der formalisierten Fachwissenschaft . . ersetzen. Weniger denn je besitzen wir f e s t e Antworten!

baut hatte, der selbst aber nicht glauben wollte, dass sie wirklich wie Menschen seien, bis er schließlich dazu getrieben wurde, sie verschiedenen Testen zu unterwerfen, wovon der letzte ein Sprachtest war. Genau der Annahme Freuds entsprechend, dass der Witz die Sprache des Menschen, die die Sprache des Unbewussten ist, am besten verrät, erzählte der Mann seinem Roboter einen Witz, den der Roboter schließlich mit einem schallenden Lachen quittierte: Beweis, dass er Mensch war.[135]

Auch Informatiker und Kognitionswissenschaftler haben derartige netzartige Neuro-Systeme inzwischen durch Modelle, die sich auf die 'Selbstprogrammierung' beziehen, ganz gut nachgebaut. Sie sagen – ich zitiere nur ganz kurz, dass 'die replikationsfähigen und selektiv katalytischen polymeren Einheiten (Moleküle oder Molekülkomplexe) als die `Prozessoren´ des Netzwerks aufzufassen sind, die sich aus den Mono- und Oligomeren wechselseitig als `Nachrichten´ aufbauen'.[136] Das heißt ganz simpel, dass Moleküle 'Nachrichten' darstellen können, und indem sie 'chemische Prozesse katalysieren oder blockieren', dann weiterführend 'zusätzlich als Prozessoren' eben wieder dieser Nachrichten dienen können. Ein Zirkelvorgang, der zu allen möglichen

---

[135] Ein katholischer und ein evangelischer Pfarrer sowie ein Rabbiner diskutieren, wie man das Geld in der religiösen Gemeinde verteilen soll. Der katholische Pfarrer sagt: Man mache einen Kreis, werfe das Geld ganz hoch, was in den Kreis fällt gehört Gott, was außerhalb hinfällt der Gemeinde. Der evangelische sagt: Man mache einen Kreis, werfe das Geld ganz hoch, was in den Kreis fällt gehört der Gemeinde, was außerhalb hinfällt Gott. Darauf der Rabbiner: Man werfe das Geld ganz hoch, was oben bleibt gehört Gott, was herunter fällt der Gemeinde.

[136] Hucklenbroich, P., Das Konzept der Selbstprogrammierung in natürlichen und künstlichen Gehirnen, in Medizinale XVII, Medice- Hausdruck (1987) Band I

komplexen Erscheinungen führen kann, vielleicht sogar zu so einem hoch-komplex organisierten Wesen wie dem menschlichen Tier, dem Gehirn, und auch wieder zu deren Zerstörung und Chaos. Doch sagt dies etwas über die wirkliche, menschliche Wahrnehmung, über den Menschen als Symbol-Seher und -Sprecher aus? Ist der Mensch nichts anderes als ein Wesen, das diese hoch-komplexen Vorgänge wahrnehmen kann, seine Entstehung und seinen Untergang, und damit hat es sich?

Was nützt uns die neurophilosophische oder auch sonstige Erforschung der Wahrnehmung, wenn wir sie nicht verbessern können und zwar nicht nur auf diesem speziellen Gebiet, auf diesem Forschungsfeld, der Neurologie z. B. mit ihren Myriaden von Nervenkabeln und Gliazellprozessoren, also mit ihrem Super-Super-Computer, sondern auf einem, das über all das hinaus geht, das über den Gebiets-, den Feldbegriff hinausgeht hin zu dem der reinen *Signifikant*en, die auch der forschendste Forscher benutzt, weil er forsch ist, d. h. fast eben forsch-frech (hier klingt wieder ein bisschen der 'Andere' an, der wie bei der Heiligen Theresa ziemlich frech sein kann, sarkastisch und auch ziemlich roh, hart, was manchmal wie 'böse' wirken kann, aber nicht im absichtsvollen negativen Sinne). Denn die Frage, was das Begehren des Forschers wirklich ist, was der Signifikant des Neuropsychologen ist, wie er uns uns selbst vergegenwärtigt, bleibt offen (Oder beantwortet sich in dem simplen zirkulären Vorgang eines letztlich unbewussten Begehrens).

All diese Wissenschaftler behindern ihr Sprechen durch ihr einseitiges Wahrnehmen und umgekehrt. Sie gehen einen Umweg über zu viel Bewusstsein, über zu viel Hirn. Kann man wirklich ohne Hirn nicht mehr wahrnehmen? Könnte man nicht, wenn man nur *Strahlt* und *Spricht* hat, wahrnehmen, Geist haben, ,Materie' und Bewusstsein auch ohne Hirn? Sagen wir zumindest ohne wesentliche Teile desselben, vielleicht braucht man nur noch einen Konvergenzpunkt im Hypothalamus z. B. oder da, wo selbst kein Punkt mehr Punkt ist, d. h. schlicht: nur eine Kombinatorik.[137] Denn die Freudschen *Triebe* sind nicht materiell noch immateriell, sie sind eben *Triebe*, Signifikanten. Da muss man nicht mehr dazu sagen. Dazu genügt eine Kombinationsmethode, die schon die frühen Mystiker in die Region verlegten, 'wo sich die optischen Nerven kreuzen'. Dort ist aber weder Gott noch Hirn, sondern nur eine Konvergenz.

Neueste Forschungen von Neurowissenschaftlern, die auch gleichzeitig Psychoanalytiker sind, stimmen mit einer derartigen Aussage überein.[138] Es gibt auf der einen Seite 'Spiegelneuronen', die sich auf der Oberfläche der Stirn- (und Scheitel-) lappen befinden. Wenn das Kind etwas (eine Aktivität) bei seinen Eltern beobachtet, aktiviert es die gleichen (spiegelbildlichen) Neuronen, jedoch ohne selbst zu handeln. Es 'internalisiert', identifiziert sich nur, ein *Strahlt*, das noch wenig spricht. Auf der anderen Seite existiert ein 'inneres Sprechen' vorwiegend im Scheitel- (und Stirn-) lappen, das die Welt bedeutungsbezogen organisiert, also ein *Spricht*, das auch etwas strahlt (Bahnen neurologischer Systeme, Regulation, etc.). Die Autoren sehen die Kombination (was ich mit dem Schrägstrich (/) anzeige) beider in den Bereichen des Stammhirns (Zwischenhirn, Basalganglien, Raphekerne etc., von mir also als das untere Ende des Schrägstrichs aufgefasst) aber auch im 'assoziativen Kortex', also im Großhirn (oberes Ende des Schrägstrichs). Also gibt es doch ein

---

[137] Damit meine ich nicht den 'archimedischen Punkt', der sozusagen ein ideales Bezugssystem außerhalb aller Systeme wäre, denn das gibt es nicht. Das Wort Punkt ist hier irreführend, weshalb ich die Kombinationsmethode direkt als *Formel-Wort* anbiete, in der der Andere des Wortes und das Andere der Sterne schon rein f o r m a l vorprogrammiert ist.
[138] Solms, M., Turnbull, O., Das Gehirn und die innere Welt, Neurowissenschaft und Psychoanalyse, Walter (2004)

bisschen Hirn, aber nur in der Form, dass es eben vom *Strahlt / Spricht* so benutzt wird.

Ich werde noch weiter auf diese Grundlagen eingehen. Aber könnte der Mensch sich nicht durch ein Verfahren stärken oder gar vollenden, das die Kombination seines *Strahlt* und *Spricht* als verbessertes Kombinationsverfahren genau dieser beiden Prinzipien erneuert, indem er nebenbei weiß, was sein Hirn ist und er die Vokabel Gott nicht dauernd strapazieren muss? Man könnte z. B. mit Foucault sagen: 'Gott ist vielleicht weniger ein Jenseits des Denkens, als ein bestimmtes Diesseits unserer Sätze', eine psychische Grammatik. Das Hirn ist vielleicht eine Maschine zum Bewusstsein, aber aufs Bewusstsein kommt es doch gar nicht so an, sondern aufs Unbewusste, auf die Signifikanten! Das Bewusstsein ist mit einer Art von Spiegelung ganz gut erklärt, aber das Unbewusste ist die speziell menschliche Seele.

2. 3 Einstein und die ultimative Theorie

Argumentiert man einmal so physikalisch wie Freud es tat, der sich anfangs an die Psychophysik des Physikers G. T. Fechners (ähnlich der Theosophie) anschloss, und sagen wir mit P. Virilio : Am Anfang war die 'Beobachtungsenergie', um dieses Kantsche Prinzip des apriorischen Raums, des *Strahlt* in einer modernen, atomaren Sprache auszudrücken![139] Am Anfang war das *Zeichen*, das schon 'Erscheinung mit Bedeutung ist',[140] ein *Strahlt*, das mehr als nur 'Energetisches' ist. Wenn man dem Licht physikalisch heute die absolute Spitzengeschwindigkeit zugesteht, was soll dann ein Raum ohne Licht? Schneller als Licht kann der kleinste Raum sich nicht ausdehnen oder ausgedehnt haben und auch wenn die besten Physiker behaupten, es gäbe Räume ohne Licht, sogenannte 'Schwarze Löcher'. Lange hat man gesagt, bisher sei nur ein schwarzes Loch im Sternbild Cyg X-1 mit einer gewissen, jedoch immer noch fraglichen Wahrscheinlichkeit gefunden worden, doch jetzt hat man eines fotografiert (in der Galaxie M87). Das Plasma, das in einem äußerst spitzen Winkel kurz vor dem Eintritt ins absolut Schwarze noch aufglüht, gilt als Beweis.[141]

Die 'schwarzen Löcher' geben, wie der Astrophysiker Greenstein meinte, immer noch so viele Probleme auf, dass möglicherweise 'im schwarzen Loch die ganze Physik zusammenbricht'.[142] Oder wehren diese Physiker vielleicht auch das 'Objekt' ab, das Objekt als solches, wie wir es bei

---

[139] Virilio, P., Die Sehmaschine, Merve Verlag (1989)

[140] Seitter, W., Physik des Daseins, Sonderzahl (1997)

[141] Thorne, K.S., Gekrümmter Raum und verbogene Zeit, Knaur (1996) S. 341-366

[142] Greenstein,G., Der gefrorene Stern, DTV Sachbuch (1985) S. 337- 340

Kant gesehen haben? Das Objekt, das Kant als 'Ding an sich' hochjubelt, wird bei den Physikern zu immer mehr 'Teilchen', Objekt-Teilchen, weiter und weiter heruntergestuft noch bis unter die Top- und Down-Quarks, wo sich alles vernihilisiert. Das eigentliche Objekt, verkürzt ausgedrückt, das dem Subjekt je eigene 'Objekt', seine unbewusste Maschinerie sozusagen, wird verdrängt. Das soll nicht heißen, dass die Physik des So-Seins nicht noch lange so weitergehen wird, aber die Leitwissenschaft, die sie zu Newtons Zeiten und noch bis zu Einstein gewesen war, ist sie nicht mehr. Die Physik (und mit ihr die Bio-Wissenschaften) wird immer mehr zu einer Dienstmagd der Technik oder eben der Teilchen-Paranoia, sie ist nicht mehr das wirklich Neue, das der Mensch heute dringend braucht: Selbsterforschung, eine objektartige Erfahrung und Wahrnehmung des Subjekts durch den Wissenschaftler ist gefragt. In diese Richtung zielen auch die Arbeiten des Physikers und Nobelpreisträgers R. Laughlin, der der klassischen reduktionistischen Physik die der Emergenz gegenüberstellt.[143]

Um der Faszination der schwarzen Löcher nicht ganz zum Opfer zu fallen, haben nämlich die Physiker dann schließlich auch die 'weißen Quellen' und die sie verbindende 'Hawking-Strahlung' erfunden, und so befinden sie sich jetzt wieder im seelischen und physikalischen Gleichgewicht. Am Ende aller Zeiten muss sich auch ein schwarzes Loch verwandeln können und dann ist es nicht mehr ganz schwarz.[144] Aus der 'weißen Quelle' kommend ist das 'Licht' sozusagen wieder da (man muss es jetzt in Anführungszeichen setzen, denn es ist ja nicht das gleiche wie das im 'schwarzen Loch' verendete), oder sollte man nicht sagen das *Strahlt*, die Be-

---

[143] Laughlin, R. Abschied von der Weltformel, Piper (2009) S. 25.
[144] Overbye, D., Das Echo des Urknalls, Droemer Knaur (1991) S.149-173

obachtungsenergie? Denn es handelt sich ja um etwas, das physikalisch noch nicht ganz erfassbar ist. Die Physiker sagen, es ist nur eine 'virtuelle Strahlung', die das schwarze Loch verlassen kann, also eine andere Art von elementarem *Strahlt*, ein nicht-euklidisches Leuchten.

Schon die Mystiker lösten früher dieses Problem mit dem Nicht-Licht-'Licht', wie auch übrigens der Schriftsteller V. Hugo noch auf seinem Sterbebett dadurch, dass sie sagten, sie sähen 'schwarzes Licht'. Das ist dann eben eines, wo man, wie bei den schwarzen Löchern, glaubt, keines mehr zu sehen, aber wenn man genau hinschaut, ist eben doch eines da und die Seele und alles andere ist wieder im Einklang. Das virtuelle 'Licht' als *Strahlt*, als Anderes der Sterne, ist eben nichts anderes als ein verdoppelter Schatten, der nur zum Leuchten gebracht werden kann, wenn man ihn in einer ganz besonderen, konkreten, gelungenen Kombination mit dem Anderen des Wortes, mit dem *Spricht* bringt. Nur in dieser möbiusbandartigen Drei-Einheit, in dieser 'katechontischen Verhaltenheit', ist diese Physik des Daseins wirklich zu erfassen,[145] für die ich eine eigene Formulierung noch finden will. Das alles bedeutet nicht, dass die Physiker nicht noch elegante Theorien für das Sein finden werden, im Gegenteil: für das *Strahlt* haben sie in der Inflation des Universums (eine blitzartige Ausdehnung noch vor dem Sein von Materie und Energie) bereits einen mondänen Begriff geschaffen! Und auch weiterhin werden sie etwas finden, jedoch ausgedrückt nur in ihrer Spezial- bzw. Geheim-Sprache, mit der nur sie selbst entdecken und genießen.

Trotzdem, der Arzt, Wissenschaftler und Science Fiction Autor S. Lem meint ebenfalls, dass 'die in der Physik heute modische Suche nach der großen vereinheitlichenden Theo-

---

145 Ich zitiere diesen Begriff aus Seitter, W., Physik des Daseins, Sonderzahl (1997) S. 35 auch wegen seines ästhetischen Klanges.

rie `von Allem´ . . . kaum als völlig rational zu betrachten ist'.[146] D. h. auch die Physiker, auch der Physiker Einstein unterlag Verdrängungen. Er war im Grunde genommen genauso ein Gelehrtentyp wie Kant, genauso ein leidenschaftlich Forschender wie de Sade. Von ethischen Bezugnahmen zu seiner Wissenschaft wollte er absolut nichts wissen. Er sah sich als Naturwissenschaftler und Physiker, der 'Weltenraum' repräsentiert für ihn 'das Wirken der Vernunft'.[147] Religion und Ethik sind für ihn Sache eines anderen Fachgebietes, sind Sache der 'Jüdisch-Christlichen Tradition', und ob in dieser Tradition ebenso die Vernunft wirkt, kümmerte ihn nicht.

Einstein war extremer, 'militanter Pazifist' und in seinem Briefwechsel mit Freud über den Krieg erhielt er von diesem bezüglich der Friedensbemühungen mehr oder weniger eine Absage. Freud erklärte Einstein, dass der Aggressionstrieb,[148] wenn er sich nicht nach außen richten kann, auch ins Innere des Menschen wendet und dort genauso Schädliches anrichtet wie der Krieg. Kriege würden sich wohl nie ganz vermeiden lassen, das sollte man berücksichtigen. Kurz, in vielen Dingen war Einstein etwas naiv, und diese Naivität steht der reinen Verstandesgelehrsamkeit, der Spezialistenweisheit gegenüber ohne eine verbindende, umfassende Sicht. Er hatte, wie zuerst einmal alle anderen auch, eine selektive Wahrnehmung, und seine 'objektive' Wahrnehmung

---

[146] Lem, S., Unsaubere Schnittstelle Mensch / Maschine, in Maar, C., Pöppel, E., Die Technik auf dem Weg zur Seele, Rowohlt (1996) S. 54

[147] Wickert, J. Albert Einstein, Rowohlt Monographie (1972) S. 119

[148] Auch wenn man ihn nicht als Trieb, sondern als grundlegende, durch die Identifizierungsmodi entstandene Aggression erklärt.

bezog sich vorwiegend auf die Physik, vielleicht aus Kompensationsgründen? Aus Gründen des Signifikanten?

Einsteins Genialität bestand darin, dass er sich eine umfassende Kenntnis der damaligen Physik angeeignet, und gleichzeitig das Einfachste, das Staunen über die Natur und die Anfänge des physikalischen Denkens nicht aus den Augen verloren hatte. Er kehrte sozusagen zu Galilei zurück, ja zur einfachsten Bewegungslehre, zur Kinetik (schon der Begriff Mechanik führt weiter). Dabei ging es ihm darum, alle Tatsachen der Physik unter einer Theorie zu vereinheitlichen, wie das alle vor ihm und auch nach ihm taten, also vereinheitlichen, 'was der direkten Wahrnehmung als ganz getrennte Dinge erscheinen'.[149] Newton vereinheitlichte alles auf dem Felde der Mechanik, Faraday auf dem der Elektrodynamik und bei Einstein kam noch die Schwerkraft hinzu.

In seiner berühmten Arbeit 'Über die Elektrodynamik bewegter Körper' beseitigt er zuerst die alten Vorstellungen von einem 'absoluten Raum' und einer 'absoluten Zeit', wie wir sie noch bei Kant als apriorische Anschauungen vorgefunden haben. Zwar hatten hier schon andere Physiker Vorarbeit geleistet, aber Einstein gebührt das Verdienst, den Raum- und den Zeitbegriff auf das Gesetz der Lichtfortpflanzung zu begründen. So kann man am einfachsten seine 'spezielle Relativitätstheorie' beschreiben. Bewegte Körper, auch solche mit elektrischen Ladungen, haben kein absolutes, festes Bezugssystem, in dem ihre Ladungen gemessen werden können, nur die als absolute Spitzengeschwindigkeit zu ermittelnde Lichtgeschwindigkeit gibt ein klares Vergleichsmoment ab. Daraus ergibt sich die Äquivalenz von Masse und Energie, die in der bekannten Formel $E = mc^2$ ausgedrückt ist.

---

[149] Fölsing, A., Albert Einstein, Suhrkamp (1995) S. 630

In der allgemeinen Relativitätstheorie geht es schließlich um die Erkenntnis, dass Beschleunigung und Schwere das Gleiche sind, und darum, diese mit den Begriffen von Raum und Zeit zu verbinden. Einstein kam zu dem Schluss, dass Raum und Schwerkraft, Geometrie und Gravitation, nicht mehr wie nach klassischer Tradition streng zu unterscheiden sind, sondern dass sich ein Körper nach der Allgemeinen Relativitätstheorie in einer 'unentwegt wirksam werdenden Deformation befindet.'[147] Er verzeitlicht den Raum und verräumlicht die Zeit, und die in ihnen befindlichen Objekte unterliegen dauernden Verzerrungen, Krümmungen, Veränderungen, so dass also 'die Trägheit eines bestimmten Körpers von der Wechselwirkung mit allen Massen des Universums herrührt'. Die Gravitation ist nicht mehr Kraft, sondern Wirkung des Überraumes. Der Überraum hat wiederum nicht nur etwas mit Raum zu tun, sondern vor allem auch mit der Zeit.

Diese Erkenntnis ist allerdings in der alltäglichen Vorstellung nicht mehr so einfach nachzuvollziehen, ja hat, wenn man es so ausdrückt, derart wenig Relevanz für unser tägliches Sein, dass es fast widersinnig erscheint, und mit unserer laufenden Wahrnehmung in heftigsten Widerspruch gerät. Die Vereinheitlichung der Physik in der allgemeinen Relativitätstheorie lässt sich nämlich exakt nur noch mathematisch ausdrücken: 'Die Eigenschaften des Raumes und die Bewegungen der Massen werden durch Feldgleichungen bestimmt, in denen der `metrische Tensor´, der `Riemannsche Krümmungstensor´ und der Energie-Impuls-Tensor miteinander verknüpft werden. Das geschieht innerhalb des ´absoluten Differentialkalküls´ auf eine von jeder Willkür freie, beinahe selbstverständliche Weise.'[149]

Hier will ich wieder einhaken und im Kapitel über die Mathematik noch zeigen, was dies bedeutet. Denn hier scheint einem wieder jene Grenze erreicht, wo man sich fragt, kann diese Physik und Mathematik noch weiter gehen? So richtig vorstellen kann sich das trotzdem niemand mehr, es mag ja alles so sein, aber es ist nur noch als abgelöstes Wissen wahr, als letzte Präzision eines physikalischen-mathematischen Traums. Unmittelbare Auswirkungen für unser Leben auf diesem Planeten, ja selbst für die uns heute überschwemmende Technik, die Mikroelektronik, die Computerwissenschaften etc. hat die allgemeine Relativitätstheorie kaum gehabt. Solche Bemerkungen sollen den genialen Coup Einsteins nicht mindern. Auch die Ablenkung des Sternenlichts durch Gravitation anderer Sterne z. B. ist minimal, dass selbst die Beobachtungen der Astronomen nur bei extremen Entfernungen beeinträchtigt werden. Offenbar ist das Universum so riesengroß, die Massenverteilungen so konstant, dass die Einsteinsche Relativitätstheorie so wie die Kantschen 'transzendentalen Kategorien' zwar irgendwie richtig, aber bereits in ihrer Schönheit so fern sind, dass wir sie nie auch nur annähernd in die Fingerspitzen kriegen werden, d. h., dass sie für uns Wahrheit in konkreterem, signifikanten Sinne werden könnten. Das Subjekt kommt zu kurz. Denn genau im Sinne der Signifikanten vergegenwärtigen sie uns nur etwas und nicht jemanden, so dass wir den Schritt nunmehr in eine rein *Konjekturalwissenschaft* tun müssen, in eine Wissenschaft v o m Subjekt. Die Sprache der Einsteinschen Physik und Mathematik ist zwar richtig und genial, aber wir benötigen eine andere, für das Subjekt *signifikantere*. Diese liefert z. B. auch R. Laughlin mit seiner Emergenz, wozu ich später noch Stellung nehmen will.

Ist dieses mein Vorgehen unfair oder problematisch? Ich springe von der Physik zur Psychoanalyse und wieder zurück zu biographischen Gesichtspunkten, um dann pauschal zu sagen: ist ja alles wunderschön, doch für uns heute zu wenig praktikabel. Aber ist es nicht gerechtfertigt, hier Einstein selbst einen Bruch vorzuwerfen, dass er die rein zu beobachtende Physik verlassen hat, und damit sich selbst als dem, der noch von der für alle anschaulichen Kinetik ausging, etwas untreu wurde? Sind wir hier nicht genauso berechtigt, wieder die Linguisten einzuschalten und nach dem Signifikanten Raum und Zeit zu fragen, d. h. nach diesem '*Zeichen* von Jemand', diesem Raum*zeichen*, Zeit*zeichen*?

Dieser Raum-Jemand, Zeit-Jemand, der mein Anderer des Wortes und mein Anderes der Sterne ist, weil er mich in dieser Kombinatorik hält, die mich an-be-raumt und mich verzeitlicht, der Oszillation und Skandierung ist, und der also nicht so sehr Physiker, sondern eher so etwas wie ein Psycho-Neuro-Linguistiker ist, der mich die Sterne meines Unbewussten sehen lässt, indem sie in Signifikantenkonstellation in meine Großhirnrinde projiziert sind. Er ist ein Neandertaler, der mich in seine *Konnaturalität* (Naturverbundenheit) nimmt und mich die 'Rotheit', das 'Fleisch' meines Nächsten assimilieren lässt. Er ist ein *konjekturaler* Denker. Deswegen braucht man nicht wie der Physiker und Nobelpreisträger S. Weinberg in Depression zu verfallen, weil das physikalisch wissenschaftlich entmystifizierte Universum eine schreckliche Nüchternheit in uns zurücklässt. Wir müssen nunmehr nur noch finden, wie jeder selber im Zentrum dieser Signifikanten stehend seine Wahrnehmung haben kann, d. h. s e i n e Gravitation mit s e i n e n Sternen findet (wobei das Wort Gravitation und das Wort Stern ihre Bedeutungs-Andersheit weitgehendst beibehalten). Das ist entscheidend!

Der Neandertaler hatte ständig seine Sterne vor sich. Die am Himmel, die er vielleicht weniger oft betrachtete, setzten sich unmittelbar in die auf der Erde (die leuchtenden Mineralien, die glänzenden Naturphänomene, die funkelnden Blicke der anderen, etc.) fort. Ja, es war ja wahrscheinlich sein Schicksal, dass er nur noch die auf der Erde sah, die, die man mit dem 'oralen Blick' wahrnahm! Aber dass man nur noch die am mathematisch-physikalischen Himmel sieht, ist auch problematisch. Sie haben dann schließlich mit uns gar nicht mehr so viel zu tun. Wenn man heute in einen Buchladen geht und sieht, wie die Publikationen all dieser Wissenschaften nebeneinanderstehen und sich grenzenlos häufen, muss man sich dann nicht fragen dürfen, wie das die Wissenschaftler selber aushalten? Schreibt nicht der Festkörperphysiker nur noch für den Festkörperphysiker und ist es bei den Objekt-Beziehungs-Psychoanalytikern nicht genauso? Wie bei der Sehmaschine von Virillo häufen die Wissenschaftler jedenfalls für unsere Optik verschiedene Realitäten um uns herum an, und wir selber dürfen sie dann ordnen nach Gesichtspunkten, was für uns relevant ist, d. h. was für uns Wahrheitsgehalt hat. Was sich für uns als ‚Hin-Schauen' so lohnt, dass man davon 'Sprechen' mag. Heutzutage ist die Wissenschaft zum Signifikanten der reinen Signifizierung geworden, sie vergegenwärtigt nichts von uns selber, sondern nur die *Zeichen* ihrer selbst. So sehr der Neandertaler zu stark geerdet war, so sehr sind wir zu weitgehend abstrahiert.

Einstein hat also der Physik eine einheitliche Theorie gegeben, aber nur begrenzt und nur für eine bestimmte Zeit. Die restlichen dreißig Jahre seines Lebens fiel ihm nichts mehr wesentlich Neues ein und er musste mit ansehen, wie sein Stern verfiel. Mit N. Bohrs Quantenmechanik und Heisenbergs Unschärferelation war ihm eine Gegenwissenschaft entstanden, mit der er sich nie abfinden konnte, obwohl er in gewisser Weise das Gleiche getan, nämlich die nackte Beobachtbarkeit verlassen hatte. Er versuchte mehrmals die Quantenphysik in seine Relativitätstheorie zu integrieren, aber ohne Erfolg. 'Beim Solvay-Kongress im Oktober 1930 war Einstein wieder da, `wie die Teuferln in der Box´ und mit einem überaus raffinierten Gedankenexperiment zur Widerlegung der Unschärferelation', schreibt der Einstein-Biograph A. Fölsing. 'Ein strahlungserfüllter Kasten habe eine Lochblende, deren Öffnen und Schließen von einer Uhr kontrolliert wird.

Durch die Wägung des Kastens vor und nach der Emission von Licht ließe sich die Energie des Lichts exakt bestimmen, während die Uhr den Zeitpunkt der Emission gleichfalls präzise festlegt, im Widerspruch zur Unschärferelation für Energie und Zeit, führte Einstein bei diesem Treffen mit Bohr enthusiastisch aus. Bohr wusste im Moment keine Entgegnung. 'Nach einer schlaflosen Nacht', schreibt A. Fölsing weiter, 'konnte Bohr Einstein mit dessen ureigensten Mitteln widerlegen: Die unbestimmte Höhe der Uhr während der Wägungen macht gemäß der allgemeinen Relativitätstheorie den Gang der Uhr um jenen Betrag ungenau, der erforderlich ist, damit die Unschärferelation für Energie und Zeit erfüllt ist'. Einstein hat nach diesem Disput nie mehr versucht, Aussagen der Quantenmechanik zu widerlegen, aber er hat diesen Widerspruch in der Physik nur mit großem Leid ertragen. Er konnte es nie ganz überwinden, dass ihm die Einheit in der Physik mit der neuen Generation von Physikern nicht gelingen wollte.

Die Quantenmechanik lehnte er wegen ihrer Annahmen, dass im Mikrokosmos der Elementarteilchen keine präzisen Messungen mehr möglich seien, sondern mit quantenartigen Sprüngen der Energieniveaus gerechnet werden müsse, als 'Wahrscheinlichkeitsmystik' ab. Aber andere Physiker sagten damals wie heute mit dem gleichen Anspruch, dass die quantentheoretischen Wahrscheinlichkeitsberechnungen bessere Modelle des Universums und der Materie zulassen, die sonst nicht zu haben wären. Jedoch ist es auch ihnen nicht gelungen, eine einheitliche Theorie der gesamten Physik vorzulegen und so spürt man, dass die theoretische Physik tatsächlich ein sehr fragiles Gewebe ist, ein Überbau, psychoanalytisch gesprochen etwas zwischen Idealich und Ichideal.

Etwas leicht Abgehobenes, dem ich zurecht meine Untersuchung widmen kann mit Aussicht auf ein konkreteres Modell der Welt in der Hoffnung, dass uns die Physiker nicht mit den gleichen Argumenten schlagen können, mit denen sie sich selber schlagen. Denn ich lehne sie ja nicht ab, ich behaupte nur, dass die Physik nicht mehr die Leitwissenschaft ist, die sie ein paar Jahrhunderte lang war. Wenn Einstein auf die Anthroposophie R. Steiners mit Verachtung reagierte, so mag das noch angehen, denn es handelt sich bei R. Steiner um etwas, was Kant eine transzendentale Ästhetik nennen würde, eine Goethesche Wissenschaft, halbe Mystik. Wir brauchen aber – kantianisch gesagt – eine transzendentale Dialektik, die uns alle wieder auf den gleichen Boden zurückholt, um uns für die praktische Vernunft frei zu machen. D. h. für die Erneuerung unserer Wahrnehmung und Selbsterfahrung. Für Entdeckung und Genuss in Einem (wie beim Neandertaler, aber auf einem elaborierteren Niveau).

Die herkömmliche Physik ist von dem Gedanken einer 'Allumfassenden Theorie', einer 'Weltformel', geradezu beherrscht. In Wirklichkeit gibt es das Eine-Ganze nicht, weil es sich als solches nicht ausdrücken lässt. 'Ich sage immer die Wahrheit: nicht die ganze . . Sie ganz zu sagen, ist unmöglich, materiell: da fehlen die Worte. Gerade durch dieses Unmöglich hängt die Wahrheit am Realen'.[150] Und gerade wegen diesem Unmöglich ist die Sehnsucht so stark, durch eine Einheitstheorie die Lücke zwischen der Wahrheit und dem Realen schließen zu wollen. Der Physiker Einstein war eben auch der Mensch Einstein, und wenn man von 'jener Art Kantianer' sprechen kann, 'der de Sade war', so kann man auch von jenem Freudismus sprechen, der auf Einstein, den Zeit- und jüdischen Volksgenossen Freuds, zutraf.

Einstein war kein ausgesprochener Feind der Psychoanalyse, aber er hielt nichts von ihr. Dabei hätte der Mensch Einstein durchaus von ihr profitieren können, denn auch er war ein Eigenbrötler wie Kant, was nichts Negatives sein muss und ihm selbst auch bewusst war. Er war ein von der Physik schon früh Besessener und einer, der deswegen oft für menschliche Beziehungen kein Gefühl hatte. Die Beziehung zu Mileva, seiner ersten Frau, ging früh in Brüche und sein

---

[150] Lacan , J., Radiophonie & Television, Quadriga (1988) S. 61

erstes Kind, sein 'Lieserl' wie er sie nannte, hat er nicht nur
nie gesehen, weil er damals an einem anderen Ort lebte, er
hat auch dafür gesorgt, dass es im Alter von einem Jahr
weggegeben wurde, obwohl mit der Mutter des Kindes die
Ehe schon vereinbart war. Spätere Nachforschungen, die
noch bis heute andauern, konnten die Spur dieses Kindes nie
mehr entdecken.

'Einstein war gewöhnlich am liebevollsten, wenn die Objekte seiner Liebe in sicherer Entfernung waren, als ob er dann
mit ihnen machen konnte, was er wollte', schreiben neuere
Biographen über ihn speziell bezüglich seines Verhältnisses
zu Frauen.[151] 'Sein Gefallen an weiblicher Gesellschaft ging
anscheinend oft mit einer Verachtung für den Verstand und
den Charakter von Frauen einher, die an Menschenverach-
tung grenzte'. Einstein glaubte, dass 'die Naturwissenschaft
Frauen verdirbt', ihnen nicht 'angemessen' sei und schätzte
die Polygamie. Nach seiner Trennung von Mileva war er ein
ausgesprochener Schürzenjäger. Dabei mehren sich die
Hinweise, dass Mileva, die ja selbst mit Einstein zusammen
Physik studiert hatte, eine klare Bedeutung, zumindest im
Sinne einer wichtigen 'Begleitung' für die Ausarbeitung seiner Relativitätstheorie hatte. Die Autoren sprechen zudem
davon, dass sie auch gefühlsmäßig das entsprechende
Mikroklima für ihn geschaffen hätte, d. h. dass sie vielleicht
eine ähnliche Funktion wie viele Partner und Freunde großer
Geister erfüllte, z. B. eine wie sie auch Fließ als Kollege für
Freud darstellte, nämlich die eines *Übertragungsobjektes*.

Der ältere von seinen zwei Söhnen, die er mit Mileva hatte,
Hans Albert, war über seinen Vater häufig verbittert, da er
ihm nur ein schwieriges Erbe hinterließ, und zu dem jünge-
ren, Eduard, unterhielt er von dem Zeitpunkt an, wo dieser
Sohn wegen angeblicher Schizophrenie in die Klinik kam,

---

[151] Highfield, R., Carter, P., Die geheimen Leben des Albert Einstein, Byblos Verlag (1994) S.41

keine Beziehung mehr. Er besuchte ihn nie und schrieb ihm auch nie eine Zeile. Das Schicksal Eduards war besonders tragisch, weil er auf der einen Seite hohe Begabungen aufwies, diese aber andererseits nicht umsetzen konnte und sehr wohl mitbekam, dass sein Vater ihn ablehnte (Ein Schicksal, das oft Söhne großer Geister haben, z. B. Goethes Sohn). Einstein fühlte sich durchaus schuldig für Eduards Erkrankung, da er ihn ja früh mit Mileva, die ebenfalls unter Depressionen litt, zurückgelassen hatte, aber er unternahm nichts. Auch seine zweite Ehe war nicht gut und während des qualvollen Sterbens von Mileva soll er sich im Nebenzimmer mit einem anderen Physiker über Fachprobleme ausgetauscht haben, so dass diesem Fachkollegen ganz unheimlich zumute war. Schon 1914 hatte er sehr harte und gefühlskalte Briefe an Mileva geschrieben.[152]

Einsteins Herz gehörte ihm selber und seiner Physik.[153] Nach dem Abwurf der Atombomben auf Hiroshima und Nagasaki warf man ihm auch vor, die Bombe durch seine Erkenntnisse mit vorbereitet zu haben, was zu weit hergeholt ist, aber er hat an militärischen Vorhaben mitgearbeitet und auch den Bau der Atombombe soweit unterstützt, als es ihm möglich war (ganz an eine Mitarbeit hat man ihn, als Sicherheitsrisiko eingestuft, gar nicht herangelassen!). Durch jenen bekannten und 'verhängnisvollen Brief an Präsident Roosevelt, in dem *die Notwendigkeit betont wurde, Experimente im Großen anzustellen zur Untersuchung der Möglichkeit der*

---

[152] Briefe A. Einsteins, zitiert in der SZ vom 27.11.96, S.12: 'A: Du wirst dafür sorgen, dass 1. meine Kleider in Ordnung gehalten werden,2. ich dreimal am Tag eine Mahlzeit in mein Zimmer bekomme. B: Du wirst auf alle persönlichen Beziehungen zu mir verzichten, es sei denn, sie sind für Auftritte in der Gesellschaft erforderlich'.
[153] Einstein, A., The world as I see it, Forum and Century (1931) Vol. 84

Herstellung einer Atombombe, . . ernannte Roosevelt daraufhin sofort ein Komitee. . Damit begann das, was von den USA als `Wettlauf´ um die Atombombe angesehen wurde, in Wirklichkeit aber ein Alleingang der USA war.[154] Einsteins gute Kontakte zu deutschen Physikern hätten ihm jedoch sofort klarmachen können, und der amerikanische Geheimdienst wusste das ebenso, dass man, wie Heisenberg sagte, in Deutschland nicht im Geringsten an den Bau einer Atombombe dachte.

Der Atombombenabwurf hat Einstein schwer zugesetzt. Er schrieb von der schrecklichen Erkenntnis, 'dass wir Wissenschaftler die tragische Bestimmung haben, die schaurige Wirksamkeit der Vernichtungsmethoden noch zu steigern'. Zuflucht suchte Einstein daher in Gedanken an eine durch Vernunft gebildete Weltregierung, ein politisch wohl eher naiver und in einer Art 'kosmischer Religiosität' nach dem Vorbild Spinozas abwegiger Gedanke,. Trotzdem ist sein Verhältnis zur Religion ebenfalls in eigenartiger Weise gespalten geblieben. Denn dem spinozistischen Gott, dem man ethisch am besten durch den 'amor Dei intellectualis' huldigen kann,[155] und dem auch Einstein in seiner Gedankenarbeit folgt, setzte er keine Praxis zur Seite.

Wenn ich jetzt also auch die Physiker schlecht mache, so deswegen, weil ich ihrer Methode, ebenso wie der der Philosophen, die der *Analytischen Psychokatharsis* gegenüberstellen möchte. Es genügt nicht, dass man sich an die Materie-Energie-Natur klammert wie die Naturwissenschaftler. Oder dass man sich von vornherein auf die Bedeutung einer begrifflichen Einheit stützt wie die Geisteswissenschaftler. Die Natur des Menschen ist seine Beziehung zum Menschen und man muss eben auch diese Art von Natur oder geistiger Ein-

---

[154] Wickert, J. Albert Einstein, Rowohlt Monographie (1972) S. 115

[155] Brockhaus, Bd. 17 (1973) S.744

heit berücksichtigen. Sie ist auf die Intersubjektivität bezogen, die auch eine Intrasubjektivität beinhaltet, also ein tief umfassendes In-Sich-Sein.

Die ultimative Theorie

Wie ich von R. Laughlin zitierte wird es die 'große vereinheitlichende Theorie', die alle Kräfte in einem Nenner zusammenfassen würde, wohl nie geben.[156] Auch nicht in der Form jener Nicht-Euklidische Geometrie oder moderne Topologie.[157] Das Hauptproblem liegt nach wie vor darin, dass es so schwer ist, das ganz Kleine, also die kleinsten Materie- oder Energieeinheiten (Quantenmechanik) mit dem ganz

---

[156] Laughlin, R., Abschied von der Weltformel, Piper (2009). Emergenz (aus dem lateinischen emergere = auftauchen) bedeutet für den Autor, dass trotz übergeordneter Regeln die Grenzen der physikalischen Gesetze offen sind für völlig neu auftauchende Regeln. Es macht wenig Sinn – so der Autor – in immer mikroskopischeren Bereichen reduktionistisch zu forschen ohne gleichzeitig in übergeordneten Zusammenhängen zu denken.

[157] Eine einfache, auf Comic-Basis erstellte Einführung in die Nicht-Euklidische Geometrie gibt es bei Petit, J.-P., Das Topologikon, Vieweg-Verlag (1995). Vereinfacht kann man sagen, dass die neueren, mathematisch-physikalischen Modelle, die eine Geometrie erschließen, die über drei Dimensionen hinausgeht, im Gegensatz stehen zur herkömmlichen euklidischen Geometrie. Ein simples Beispiel ist der Torus, der Ringschlauch (Reifenschlauch). Seine Fläche bildet ein Loch, aber dieses Loch ist nicht ein Loch, ein Mittelpunkt auf seiner eigenen Fläche, wie es etwa bei einer flachen Kreisscheibe der Fall ist, sondern ein Loch in einer vierten Dimension, außerhalb der drei Dimensionen des Torus selbst. Wenn man den dreidimensionalen Torus so sieht, als 'eingebettet' in eine vierte Dimension, erfasst man das Wesen dieser neuen Topologie (Verortung).

Großen, dem Kosmos und den dort herrschenden Gravitationskräften zusammenzubringen. Quantenkosmologie, Quantenverschränkung und Quantengravitation sind Bezeichnungen für derartige Lösungsversuche. Auch andere Forscher beschreiben dieses Problem: 'Die kosmologische String-Theorie geht dem Problem der Unendlichkeiten, aber auch der Welt der Beobachtungen und Rechenergebnisse aus dem Weg. Die auf reiner Mathematik beruhenden Ansätze wiederum lassen die Gravitation aus...'.[158]

Gewiss sind z. B. die Theorien der Singularität von faszinierender Schönheit und die Kantschen Begriffe von großer Eleganz. Unter Singularität verstehen die Physiker 'einen Punkt in der Raumzeit, an dem die Raumzeitkrümmung unendlich wird',[159] also der Punkt einer letztlichen Zusammenfassung auf Eins hin, ein Einungspunkt, in dem die Dichte der Materie und die Raumzeitkrümmung unendlich groß sind, in dem Begriffe wie Raum und Zeit keinen Sinn mehr haben. Und genau umgekehrt dazu der Philosoph: Raum und Zeit als apriorisch definieren heißt, ihnen den ausschließlichsten Sinn vor allem anderen zu geben. Was für den einen das Höchste und Urhafteste ist, ist für den anderen nichts. Sollten die Schüler all dieser großen Meister da nicht verwirrt sein?

Schon den jungen Törless aus Musils gleichnamigen Roman hat der mathematische Begriff der 'imaginären Zahl' verrückt gemacht und er wurde zum Prüfstein einer Lehrer-Schüler-Beziehung, man könnte auch sagen, einer Vater-Sohn-Beziehung, die in der Frage gipfelt: Wie erkläre ich als Lehrer meinem Schüler, als Vater meinem Sohn, dass etwas,

---

[158] Heppenheimer, T. A., in Breuer, R., Immer Ärger mit dem Urknall, das kosmologische Standartmodell in der Krise, Rowohlt (1993) S. 229

[159] Hawking, S.W., Eine kurze Geschichte der Zeit, Rowohlt (1995) S. 228

was nicht ist, zählt? Kann ich, wenn ich es ihm nicht her-
überbringen kann, noch Lehrer, Vater, heißen? Wie erkläre
ich meinem Sohn, dass er da ist, da ist als eigenes Wesen
und doch in erster Linie auch als mein Sohn, da ich doch
selbst sein Vater bin? Wie erkläre ich ihm, dass – was uns
beide betrifft – neben der realen Beziehung, nämlich dass er
aus meinen Chromosomen stammt, es auch eine imagi-
när/symbolische gibt, die etwas damit zu tun hat, dass ich
mich auch als jemand sehen soll, der weit über dieses chromosomale Verhältnis hinausgeht, der sein Schöpfer auch im
Sinne irgendeines Vaterbildes (ja, welches?) ist.

Schließlich war ich ja schon vor ihm da, war vor-gesetzt –
eben als Vater! Dass es sich also um eine Mannbarkeitsbe-
ziehung handelt, die aber nicht darin gipfelt, dass wir – mathematisch gesprochen – die Resultante aus zwei Mannbar-
keitselementen sind, sondern aus etwas Darüberliegendem
und doch nur schwer Fassbaren, die Resultante der Antwort
auf die Frage: Was ist ein Vater für einen Sohn? Was bedeutet der Signifikant Vater? Eine Frage, die ich schon vorhin
im Zusammenhang mit dem Gottesbegriff gestellt habe: Wie
erhält das Wort Sohn in nomine patris einen Sinn?[160] Wie
kann ich, S. Hawking zum Beispiel, Vater der Physik sein
für so viele Söhne, wenn nur die imaginäre Zahl das Universum auf ihren Händen trägt?[161]

Wir brauchen dringend immer wieder Väter, Väter der Wissenschaften, Wirkungs-Väter, symbolische Väter. Das kann
ein Einstein, aber auch ein Kant nicht mehr sein, der ver-
zweifelt gerungen hat, die Höhe seiner reinen Vernunft auch

---

[160] Sehr verkürzt könnte man sagen - und dies trägt vielleicht zu
besserer Anschaulichkeit bei: Der Signifikant ist so etwas wie
ein Vater, das Vater-Nomen für die Worte der Muttersprache!
[161] Um diese Paradoxie der Singularität etwas besser zu erklären, verwendet S. Hawking den Begriff der 'imaginären Zeit', die
er auf dem der 'imaginären Zahl' aufbaute.

in der Praxis zu bewähren. Kant meinte, ein Mann, auf den draußen der Galgen wartet, könnte keine Lüsternheit mehr aufbringen, wenn man ihm noch vorher die Dame seiner Begierden zuführen würde. Muss man wirklich Therapeut sein, um zu wissen, dass 'es nicht unmöglich ist', dass dieser Mann 'kaltblütig ins Auge fasst, um der Lust willen die Dame in Stücke zu schneiden, zum Beispiel'?[162] Kant wollte und konnte sich in seiner entrückten Gedankenhöhe die Vernunft einer totalen Unreinheit, eine totale Antivernunft, Perversion, nicht mehr vorstellen, er konnte sich nicht mehr daran erinnern, dass es noch ganz andere Lüste gibt, denn die hätten sein Gebäude ins Schwanken gebracht.

Und was eben die Physiker und Einstein angeht, müsste man einmal mehr Emergenz fordern, sich der Beobachtung, der Wahrnehmung selbst zuzuwenden in der Teilnehmerperspektive des Subjekts! Man darf dann halt nicht nur erwarten, *Objekt*e zu sehen, sondern dass es auch ums Genießen und um die Entdeckung des Subjekts selber geht. Der Freudsche Trieb 'ist gebunden an eine Position, die das Subjekt zwar einnimmt in Gegenwart des *Objekt*s, aber auch an eine Position, die das Subjekt einnimmt außerhalb der *Objektbeziehung*. Subjekt und Objekt stehen sich verbindend / trennend gegenüber und man muss sich diesem Schräg-, Bruchstrich (/) voll ausliefern (psychoanalytisch heißt das: regressiv, zurückfallend auf frühe seelische Stufen) in einer Übung, in der man diesen Fall, Sturz wieder ausgleichen kann (progressiv, nach vorne in eine seelisch neue ganzheitliche Einheit des Anderen des Wortes und der Sterne).

---

[162] Lacan, J., Die Ethik der Psychoanalyse, Quadriga (1995) S, 135

III. Es *Strahlt* / Es *Spricht*

3. 1 Quantenpsycholgie und Physik der Träume

Inzwischen gehen ohnehin – und das kann man bei fast allen Wissenschaften sehen – mehr und mehr Forscher zum individuellen, persönlich Menschlichen, zur Erforschung der Emergenz über. Sie entdecken plötzlich, dass sie auch ein Herz fürs Subjekt haben, so wie neuerdings auch die High-Tech-Mediziner feststellen, dass sie eigentlich die Hausärzte des kleinen Mannes sind. Den Physik-Mathematiker R. Penrose interessieren tatsächlich die menschlichen, ganz persönlichen 'Gehirnfunktionen durch makroskopische Quanteneffekte', indem er davon ausgeht, dass Neuronen, also menschliche Nervenzellen, 'Quantendedektoren' sein könnten.[163] Irgendwo muss doch der Zusammenhang von Geist und Materie sichtbar werden, sagte er sich, und das kann nur in diesem ungeheuer komplexen Netzwerk des menschlichen Gehirns der Fall sein.

Schließlich nimmt er eine Kohärenz der Quanten an (Quanten sind aber eigentlich dadurch definiert, dass sie nicht kohärent messbar sind), und zwar dort, wo sich bestimmte biologische Strukturen befinden, nämlich in den sogenannten Mikrotubuli in der Nähe der Nervenzellkerne. Dort sei die Materie so aufgebaut, dass die Quanten wie beim Laserlicht gebündelt werden könnten und damit eine Kohärenz aufweisen. Einstein hätte sich im Grabe umgedreht, wenn er das lesen würde, denn physikalisch ist das nicht zu begründen. Die Physik bleibt Physik auch innerhalb biologischer Strukturen, Quantenphänomene sind ja durch die Unschärferelation eben nicht schärfer ausdrückbar, während biologische Strukturen aus viel größeren Dimensionen bestehen und nur nach ganz anderen Kriterien exakt beschreibbar sind: z. B. solchen der

---

[163] Penrose, R., Schatten des Geistes, Spectrum (1994) S. 441

DNA, der RNA, zahlreicher Proteine, deren Tertiärstruktur und Reproduktion bis in die Chemie und physikal.-chemischen Bindungen hinein (aber nicht weiter). Der Begriff 'makroskopischer Quanteneffekt' ist eigentlich absurd.

Was in der Biologie Schwierigkeiten macht, ist der Lebensbegriff als solcher, weil zur Untersuchung ihrer *Objekt*e diese immer wieder zerschnitten werden müssen. Ein Schnitt durchs biologische Gewebe beeinträchtigt möglicherweise gerade das *Ein* des Biologons, des Lebens, des Vitalen als solchem, aber nicht im Geringsten die Quantenmechanik. Die Mikrotubuli sind ein Stück Biologie, und hier ist es der Physiker selbst, der einen Sprung zu viel macht, wenn er dabei direkt auf Quantenphänomene trifft. Selbst in der Größenordnung von einfachsten organischen Molekülen gibt es keine Besonderheit für einen quantenphysikalischen Zugang. Der kommt erst innerhalb des Atoms oder noch kleinerer Untereinheiten zustande, und das kann überall sein. Warum sollte es sich ausgerechnet im Gehirn ereignen?

Gerade an einer der simpelsten Stellen ist die Biologie nicht so einfach naturwissenschaftlich erklärbar. Es geht um die Stelle der Transkription. Bekanntlich muss die DNS in die Boten-RNS transkribiert werden, damit diese dann in den Ribosomen die Proteine herstellen kann. Aber wie dieser erste Schritt funktioniert, ist unklar. Ein 'rein deduktives mikroskopisches Verständnis der Gensteuerung ist vielleicht grundsätzlich unmöglich', meint R. Laughlin.[164] 'Biologische Steuerung, für welche die Transkription ein Beispiel ist, nutzt das physikalische Prinzip 'kollektiver Instabilität' [das Gleiche wie Emergenz] aus'. Mit anderen Worten: die Wissenschaft wird hier zwar immer weitere verfeinerte Erkenntnisse liefern, aber diese werden immer weniger fürs Gesamte

---

[164] Laughlin, R. Abschied von der Weltformel, Piper (2009) S. 244-45

interessant sein. In die gleiche Richtung gehen Forschungen der Evolutionsgenetik: 'Alle Genome enthalten Elemente, die einen Umbau des eigenen Genoms bewirken können'.[165] Diese Elemente werden 'Transpositionelemente' genannt, denn sie können Umstellungen, Umschaltungen, Sprünge im Gen selbst verursachen, so dass unser ganzes inzwischen so üblich gewordenes Gerede von: 'das ist genetisch bedingt', völlig fragwürdig ist.

Ähnlich wie die ‚Metaphorik der Quantenmechanik' a la Penrose und etlicher anderer,[166] und ähnlich dem elan vital H. Bergsons wird die Biologie nie das E i n e des Lebens benennen können.[167] Das vitale, biologisch-vitalistische Lebensprinzip bei höheren Lebewesen wie beim Menschen ist einerseits in der Zelle als kleinster lebender Einheit und einem zentralen Regulationsorgan, also in elementaren Bereichen des Gehirns oder irgendwelcher Bio-Netzwerke lokalisiert. Vitalistisches findet sich aber auch in den psychisch realen Strukturen der Freudschen Grundkräfte, insofern sie substanziell sind, so substanziell wie der Zusammenschluss des Anderen des Wortes und der Sterne, der wie gesagt mit negativen, nur primär-primitiv entwickelten, aber eben auch positiven Merkmalen (z. B. durch Psychoanalyse, Analyti-

---

[165] Bauer, J., Das kooperative Gen, Hoffmann & Campe (2009) S. 25

[166] Gell-Man, M., Das Quark und der Jaguar, Piper (1994) S. 260

[167] Tod und Leben sind in allen Bereichen so vernetzt, dass sie letztlich nur künstlich zu unterscheiden sind. Auch Freud musste daher den Eros-Lebenstrieben den Todestrieb gegenüberstellen. Stützt man sich jedoch auf die insbesondere beim Menschen viel wesentlicheren Wahrnehmungs- (*Strahlt*) und Entäußerungstriebe (*Spricht*), kann man wenigstens eine Methode entwickeln, wie jeder Mensch selbst (in der erwähnten Teilnehmerperspektive) das Rätsel des Einen im Lebensbegriff der Biologie lösen kann.

sche Psycho-katharsis und andere) funktionieren kann. Freilich können auch gesunde Ernährung und Bewegung und vieles andere das vitalistische Lebensnetzwerk verbessern. Darüber muss ich mich hier nicht weiß Gott wie weit auslassen, denn mein Schwerpunkt liegt auf dem Unbewussten.

Auch der ‚Quantenpsychologe' A. Wilson, ein amerikanischer ‚multitasking' Esoteriker hatte eine große Anhängerschaft, schrieb viele Bücher und war ein extremer Quanten- und Netzwerkfanatiker. Er stützte sich nämlich zurecht auf die Unbestimmtheit, auf die Unschärferelation der eingangs genannten Quantenmechaniker und konnte dann feststellen, dass Unbestimmtheiten in allen Bereichen des Lebens, vor allem im Grenzbereich von Geist und Materie, Biologie und Psychologie etc. gang und gäbe sind. Das ist freilich nicht unbedingt etwas Neues, doch die Probleme liegen auf der Hand. Er bediente sich ausschließlich kühner Analogien und des Prinzips der Ähnlichkeit. So sah er in der Vernetztheit des Gehirns und in der des Universums gleichgeartete Strukturen als gegeben und Vorgänge als gleichermaßen wirkend an, so dass man also über das gemeinsame Element psychisch, mental, neuronal-geistig Geschehnisse in der Umwelt beeinflussen könnte. Doch wie soll das letztendlich gehen, wo doch Ähnlichkeiten keine Gleichheiten sind, wie sie in der Mathematik gefordert werden, und Analogien keine wirklichen Logiken?

Der Wissenschaftler und Autor F. J. Tipler ist noch einen Schritt weiter gegangen in der Spekulation um die materielle Interpretation des Menschen auch in seinen biologischen und psychologischen Perspektiven. Er versucht eine totale Umformulierung der Wissenschaft nicht nur der Physik, sondern auch der Theologie und Psychologie.[168] Dabei bleibt er aber den jeweiligen klassischen Sprachen dieser Wissenschaften völlig verhaftet und versucht sie mit dem Begriff der Com-

---

[168] Tipler, F. J. Die Physik der Unsterblichkeit, Piper (1994)

puteremulation zu verbinden. Mensch, Geist und Materie, alles könnte durch ein Computerprogramm vernetzt und verbunden sein. Das Ganze erinnert an neuere Bestrebungen wie die von A. R. Damasio, D. C. Dennett oder N. Harari mit Einheitsmetaphern wie Memen, Emotionen und Algorithmen eine Human-Maschinerie zu erstellen, die alle hoch interessant sind. Man wir jedoch durch keines ihrer Bücher von seinen Problemen befreit oder zu höherer, gelungenerer Lebensreifung gebracht.

Kann man denn wirklich an den Menschen als Computeremulation oder algorithmischen Formationen glauben? Wo bleibt denn Fleisch und Blut? Merleau-Pontys Röte! Der Freudsche Trieb! Für Tipler insofern kein Problem, als die Menschen im computersimulierten Himmel auch Sex miteinander haben können, wenn sie wollen, nur: es wird ein Sex ohne Probleme sein! Wie langweilig! Und ein Mann wird sich nicht nur mit der schönsten Frau der Welt, sondern mit der 'schönsten Frau, deren Existenz logisch möglich ist', paaren können, so dass die Begegnung eine, da der 'Reiz nach dem Fechner-Weberschen Gesetz logarithmisch wächst', 100000 Mal stärkere Wirkung haben wird! Wie bizarr! ‚Fleisch' und ‚Blut' sind 'weder materiell noch immateriell', genau wie der Freudsche Trieb, aber ist dieser nicht doch echter, weil auch schon ohne Physik und ohne Informatik zu haben? Tipler, der den männlichen Sex meint, paart diesen mit einem maskenartigen Schönheitsidol aus 10^{10^6} Frauen, bei denen er wahrscheinlich bei keiner einzigen weiß, was eine Frau überhaupt ist.

Freud wusste es allerdings auch nicht so ganz genau (bei seiner Frage: was will das Weib?), aber er war darin ehrlicher, als er händeringend die weiblichen Psychoanalytikerinnen um eine Antwort bat. Doch sie sagten es ihm nicht. Lacan tat sich da schon leichter. Für ihn existierte d i e Frau gar nicht, jedenfalls nicht so mit dem universalierendem Artikel ausgestattet. mit dem man von d e m Mann spricht oder d a s Kind sagt. Sie ist zu vielschichtig, zu reichhaltig, von so vielen Gefühlen getragen, als dass man sie begrifflich definieren könnte. Sie steht dem Anderen der Sterne näher als dem des Wortes, und während der Mann nur eine schlichte Kombination der beiden ist, ist es jeweils eine Frau, die bei der Verwirklichung der jeweiligen gelungenen, reifen, fertigen Kombination der beiden hilfreich ist. Es geht um die Kombinatorik der Primärprinzipien als Libidinöses, als autochthones Genießen auf der einen und Entdeckungsmöglichkeit auf der anderen Seite. Die Psychoanalytiker stützen sich diesbezüglich auf die Vatermetapher, auf die Herausforderung, die der Vater darstellt, auf den Kampf um seine Lebendigkeit. Dieser Kampf ist aber anscheinend noch nicht beendet, wie schon der Psychoanalytiker A. Mitscherlich beschrieb.[169]

Physikalische Psychoanalyse

Es ergeht einem also mit den Frauen wie mit den Neandertalern, man kann sie nur mit Liebe als Erkenntniskategorie erfassen. Die üblichen Wissenschaften versagen hier, doch dies ist kein Manko. Denn umgekehrt, was sich nicht lieben lässt, ist auch der Entdeckung und schon gar nicht des Genießens wert. Deswegen ist es ganz gut, dass man in der Meditation mit einem Schatten von sich selbst anfängt, den man eben lieben muss, denn dafür setzt man sich ja dazu hin. Ich muss nochmals daran erinnern, dass diese Liebe, auch wenn sie als ,detached love' im scheinbar nur persönlich Geheimen, im versteckt Gewollten aufblüht, das Hauptmotiv dieses Buches ist. Seine Feinde zu lieben, wie Jesus sagte, ist eine Zumutung, aber den/das Andere in sich selbst zu lieben, ist ein Reiz, eine Aufforderung, eine notwendige Koketterie. So stattete die Frau des oben gerade zitierten A. Mitscherlich ihr letztes Buch mit dem Titel aus: ,Eine Liebe zu sich

---

[169] Mitscherlich, A., Auf dem Weg zur vaterlosen Gesellschaft, Beltz (2003)

selbst, die glücklich macht'.[170] Sie hätte vielleicht besser von einer Liebe zu sich als Anderem der Worte und der Sterne geschrieben. Gemeint hat sich jedoch auch die Liebe zu ihrer Arbeit mit all den verstörten Patienten, die das Leben heute im Abfalleimer von Kapital, Macht und Technik zurücklässt.

Aus all diesen Gründen kommen jetzt einige der sonst so nüchternen und kalten Wissenschaftler auf die Idee, sich näher auf die Psychoanalyse einzulassen und auch ihre Begriffe mit zu verwenden. Dies wird am besten deutlich bei E. A. Wolf und seiner 'Physik der Träume'.[171] Wolf geht im Grunde genommen von einer ähnlichen Auffassung des Quantenmodells und der Neurologie aus wie Penrose oder Tipler. Er sieht jedoch vorwiegend im Traum, im Traum als solchem, den jeder üblicherweise träumt und der für die Psychoanalytiker ja die via regia zum Unbewussten ist, den Verbindungspunkt, 'wo die quantenphysikalische Realität besonders transparent, das Gemisch aus Geist und Materie offenbar wird'. Für ihn heißt es nicht nur, dass wir Menschen träumen, unsere Seele, unser Gehirn, unser Ich oder unser Unbewusstes, sondern direkt, dass die 'Materie träumt'. Und genau dies nun leitet er aus der Quantenphysik ab, was nicht schwerfällt.

Denn das Sprunghafte, die reine Möglichkeitsperspektive der Quantentheorie, die Unschärferelation, die Emergenz, passt bestens zu dem Sprunghaften der Träume, zu den abrupten Szenenwechseln, den nicht fassbaren Kapriolen, die wir hier so oft beobachten. Aber wie bringt man nun den Traum in einen Zusammenhang mit der Wirklichkeit und mit dem Ich? Wolf bezieht sich wie C. G. Jung auf 'archetypische Bilder', die wie alles aus dem 'imaginalen Bereich' stammen, 'aus dem überhaupt alles ins Sein tritt: Beobachter und Beobach-

---

[170] Mitscherlich, M., Eine Liebe zu sich selbst, die glücklich macht, S. Fischer (2013)
[171] Wolf, F.A., Die Physik der Träume, Byblos Verlag (1995)

tetes'.[171] Doch war oben schon zu sehen, dass das Imaginäre, die Imago, nicht aus sich selbst gefasst werden kann, sondern nur in der Dreiheit zum Symbolischen und Realen zu konstituieren ist. So gibt es bei Wolf letztlich den Traum des 'universalen großen Träumers', also so etwas wie den Traum Gottes oder des Universums als solchem, an dem wir sozusagen teilhaben können oder auch nicht.

Nur, woher kommt dann die Ordnung des Symbolischen her? Wie wird aus den Traumbildern plötzlich ein klar gesprochener Satz? Wie kommen eindeutige Begriffe zustande? Wolf postuliert, dass die Hintereinanderschaltung von Bildern bis zu Archetypen einen Gedächtnisapparat ergibt, der mit einem Selbstbeobachtungsapparat gekoppelt ist, Apparate, die wiederum, insofern sie der Quantenmechanik unterliegen, 'parallelen Welten' ausgesetzt sind,[172] durch die sich letztlich eine Selbstreflexion, also ein Selbstbewusstsein ergibt. Das alles ist noch vielfach vernetzt und hierarchisch über- und untergliedert, und es ist nicht schwer zu verstehen, dass hier letztlich unser gutes altes Ich, das Ich-Selbst, gemeint ist.

---

[172] Der Begriff 'parallele Welten' stellt ebenfalls einen Lösungsversuch aus der quantentheoretischen Beobachtungsmisere dar, indem man annimmt, die zwei möglichen und durch die Beobachtung zu steuernden Zustände träten einfach in zwei verschiedenen Universen auf, wobei wir jedoch immer nur die eine Welt sehen. Man spürt aber, dass das Wort Welt und auch das Wort parallel hier einen ganz eigenartigen Charakter bekommt, über den man sich erst klar werden müsste, denn es handelt sich ja nicht um eine Verdopplung der Welt, sondern offensichtlich um eine Zweitanlage, die in einer hypothetischen Parallelität zur ersten Anlage von Welt steht. Wüssten die Physiker etwas vom Signifikanten, würden sie sich nicht so ausdrücken.

Doch Wolf benennt seine Bilder und Imagines schon von Anfang an, er nennt sie z. B. 'weinende Schwester' und 'hysterische Mutter'. Hat er damit nicht – wie es auch in den Kongnitionswissenschaften häufig passiert – schon eine Kombination des *Strahlt / Spricht* eingeführt, die er eigentlich vermeiden wollte, ja, die er doch erst sucht? Denn er behauptet, dass die Überlagerung der reinen Identitätsbilder 'weinende Schwester' mit 'hysterischer Mutter' ein 'Emotionalbild' (traurige Frau) ergibt, zwei Emotionalbilder wiederum ein 'Gedankenbild' (weibl.-mütterl. Verständnis), und die Überlagerung von zwei Gedankenbildern schließlich einen 'Archetypus' (Göttin). Doch es bleibt völlig unklar, wie plötzlich aus den Bilderfolgen eine Art Sprache entsteht, in der der Träumer reflektiv denken kann.

Wo macht der Träumer den Sprung, dass er Symbole über alle Bilder hinaus universaliert, denn selbst der Superarchetypus ist immer noch ein Typus, also ein fixiertes Bild. Mit anderen Worten: wie wacht der Träumer endlich auf? Nach Wolf wacht er nie auf, sondern träumt nur auf einer höheren Ebene weiter, bis er eines Tages als so etwas wie Gott träumt. Derartige Spekulationen sind nicht reizlos, dennoch ist sein Buch aus vielen Irrtümern zusammengesetzt, die vor allem eines nicht zulassen: dass man damit praktisch etwas anfangen kann. Denn selbst wenn alle Bausteine, die er aus Psychoanalyse und Physik zusammenträgt, irgendwie zusammenpassen, es wird in keiner Weise klar, wie man auch in der Praxis dahinkommt, als universales Wesen oder auch nur als einfacher Mensch von Zeit zu Zeit wieder einmal zu erwachen, um z. B. die Theorie Wolfs wieder ein bisschen weiter zu führen.

Wolf berichtet beispielsweise vom sogenannten 'luziden Traum', in dem man weiß, dass man träumt und damit schon eine höhere Traumstufe (die für ihn ja identisch ist mit einer Wirklichkeitsstufe) erreicht hat. Er sagt also, im 'luziden Traum' weiß man, dass man träumt. Aber stimmt hier das

Wort wissen im vollen Sinne? Er träumt doch, dass er träumt, wissen tut er lediglich in dem Sinne, dass er sich dessen irgendwie bewusst ist, und er sich somit nicht ganz im Tiefschlaf befindet. Dass man im Traum genauso wie in der Wirklichkeit den Vorsatz haben kann, sich der reinen Beobachtung zu widmen, der totalen Beobachterperspektive, mag quantenphysikalisch eine faszinierende Analogie sein, ist aber kein wirklich wissenschaftlicher Beweis dahingehend, dass man dabei wirklich auf etwas Reales trifft und dabei weiß. Dass man 'weiß', dass man träumt, ist nur ein ganz marginales Wissen, das in jedem Moment auch wieder verschwindet. Es ist jedenfalls ein anderes 'Wissen' als das, das man hat, wenn man wieder aufgewacht ist und klar denken kann.

Der 'luzide Traum' ist in letzter Instanz nicht zu trennen vom psychotischen Traum. Wenn Wolf seinen Traum erzählt, in dem er durch Gegenstände hindurchgreifen kann und dabei bemerkt, dass Kinder ihn beobachten (alles im Traum!) und er dann zu ihnen sagt, ich komme aus einer anderen Welt und kann daher so etwas tun, so kann er in diesem Moment Realität und Traum absolut nicht unterscheiden. Er verhält sich genau wie ein Psychotiker, denn die Kinder im Traum waren doch gar nicht wirklich Kinder, sondern seine eigenen Projektionen! Warum greift er durch Dinge hindurch, er g r e i f t doch gar nicht wirklich? Woher will er wissen, dass es tatsächlich D i n g e sind, durch die er hindurchgreift, handelt es sich nicht geradezu nur um Schein, Schein-Dinge, reine 'Erscheinungen'? Auch wenn er nur zum Schein durch die Dinge greift, um dies den 'Kindern' zu zeigen, wie er ebenfalls bemerkt, wird die Realität der Kinder dadurch nicht erst recht aufgewertet? Das Scheingreifen des Scheinträumers ist eine Verdopplung des Imaginären, und wie will er da je zum Realen kommen? Kann das Hindurchgreifen durch Dinge im Traum – jetzt einmal entsetzlich freudianisch gesagt – nicht vielleicht nur eine Erektion bedeuten? Es geht doch um genau dies: eine Substanzverschiebung nach vorne aus sich heraus, scheinbar physikalisch unmöglich. Verändern die Quantenphysiker wirklich durch Beobachtung die 'Körperwelt'?

Es handelt sich doch nicht um Körper, sondern nur um kleinste gar nicht mehr korpuskuläre Einheiten. Eher handelt es sich um mathematische oder gar eben um Einheiten, die man – von mir aus – auch archetypisch nennen kann. Diese Einheiten 'verändern' jedoch nur die theoretischen Positionen, sie benennen das Apriorische nur mit anderen Namen, an der Körperwelt oder der menschlichen Realität ändert sich dadurch überhaupt nichts. Sind nicht gerade Körper der Makrokosmos, auf den quantenphysikalische Zustände nur dann zutreffen, wenn sie sich in 'rätselhafter Weise summieren', wie Quantenphysiker sagen? Erklärt Wolf nicht ein Rätsel durch ein neues Rätsel, indem sich bei ihm die Archetypen auf rätselhafte Weise summieren (genau diesen Vorgang sich überlagernden Summen erwähnt er ja)?

Träume sind eben auch Schäume, sie haben nur Sinn, wenn man sie jemandem erzählt, wenn man sie in ihrer Signifikantenfunktion anwendet, weil sie dadurch zum Symbol in der zwischenmenschlichen Kommunikation werden, insbesondere dann, wenn sie auch noch gedeutet, evtl. sogar richtig gedeutet werden. Wenn sie also z. B. einem Psychoanalytiker erzählt werden. Ansonsten hat der Traum nur den Sinn einer scheinbaren Wunscherfüllung, wie Freud sagt.

Im Traum geht es um eine Wiederfindung des Triebs als Ur-Position des Subjekts in Gegenwart (evtl. nur imaginärer) der Objekte![173] Um die Darstellung eines Wunsches als wäre er erfüllt, um die Erfüllung eines Wunsches nach Nichts! Der Traum ist ein Beweis für die Lockerheit der *Objekt*beziehun-

---

[173] Lacan, J., Les formations de l'inconscient, Mitschrift des Seminaire Nr. V vom 16.4.58, B.R.L.F., Strasbourg S. 310

gen und dafür, dass das *Strahlt* in ihm rückwärts läuft bis zu seinem Schnittpunkt mit dem *Spricht,* wo es Liebesanerkennung in seiner Urform findet, eine Befriedigung in sich, aber unbewusst, unterwach, nicht wie im Wachzustand nach außen hin bezogen. Diese beiden Befriedigungen, die nach innen und nach außen, darf man nicht wie Wolf verwechseln, sonst kommt eine Verwirrung heraus. Die Analyse will, dass durch einen Rückgriff nach innen das Außen befriedigender wird. Signifikanter.

Dabei ist Wolfs Buch spannend zu lesen, aber er kann nicht erklären, wie andere es anstellen sollen, einen 'luziden Traum' zu haben, noch warum die Luzidität (es erinnert zweifellos an das *Strahlt*) automatisch zu einem höheren Traum führen soll. Jungs Archetypen sind tatsächlich – wie Lacan sagt – nichts anderes als 'das große Tier', als die ganz komplexe Maschine, das große Super-Ich. Dieses Super-Ich verwechselt Wolf mit dem Subjekt, das Subjekt des Unbewussten ist, Subjekt des Signifikanten. Denn 'Was nennen wir ein Subjekt? Genau das, was in der Entwicklung der Objektivierung außerhalb des *Objekt*s ist. Man kann sagen, dass es das Ideal der Wissenschaft ist, das Objekt auf das zu reduzieren, was sich in einem Interaktionssystem von Kräften schließen und runden kann. Das Objekt ist letzten Endes ein solches nur für die Wissenschaft. Und es gibt immer nur ein einziges Subjekt, den Wissenschaftler, der die Gesamtheit betrachtet und hofft, eines Tages alles auf ein determiniertes Spiel von Symbolen zu reduzieren, das sämtliche Interaktionen zwischen Objekten einschließt'[174] – bis hierher geht Wolf.

Aber die Sache geht weiter: 'Nur, wenn es sich um organisierte Wesen handelt, ist der Wissenschaftler gezwungen, immer mit zu bedenken, dass es ein Handeln gibt. Ein orga-

---

[174] Lacan, J., Freund technische Schriften, Seminar I , Walter (1980) S. 248

nisiertes Wesen, man kann es sicher als ein Objekt ansehen, aber sobald man ihm den Charakter eines Organismus beilegt, erhält man, und sei`s implizit, den Begriff, dass es ein Subjekt ist. . . Die subjektive . . Position kann absolut nicht vernachlässigt werden, wenn es sich um ein 'Sprechen' des Subjekts handelt. Das 'Sprechende' Subjekt, wir müssen es zwangsläufig als Subjekt auffassen. Und warum? Aus dem einfachen Grund, und zwar, weil es fähig ist, zu lügen. Das heißt, dass es von dem verschieden ist, was es sagt'[174]. Dass es also außerhalb jeder sogenannten Objektivierung liegt.

Und eben daran sieht man, dass die Quantenphysik nicht einfach eine direkte Beziehung zur Philosophie oder zur Psychoanalyse hat, denn wenn die Quanten sprunghaft sind, störbar durch die Beobachtung selbst, so nicht deswegen, weil die Quanten lügen. In Wolfs System wird niemandem unterstellt, dass er lügen könnte, weil er den Sprechtrieb, den Anderen des Wortes, nicht kennt. Das reine Spricht könnte man es isolieren, würde neben Wahrheiten auch die linksten Lügen verbreiten (und auch mit dem Strahlt, dem Anderen der Sterne, ist es so: isoliert könnte es uns z. B. in die Bilder der subtilsten Lustmorde ziehen). Erst ihre gelungene, reife, fertige, gute, konstante, objekthafte Kombination kann uns den wahren Wert der beiden Grundkräfte, des Anderen des Wortes und der Sterne vermitteln. Der Physiker ist hier genauso naiv wie der Philosoph, denn wenn Einstein sagte, 'Gott ist raffiniert, aber nicht boshaft',[175] dann liegt er etwa auf der gleichen Ebene wie Kant, der sich nicht vorstellen konnte, dass jemand angesichts des Galgens sein Lust-Objekt zerstückeln kann.

Für Freud stand fest, dass das Unbewusste gerade deswegen lügen konnte, weil es der symbolischen Ordnung angehört, ja, man kann sagen, dass für den Psychoanalytiker speziell die Lüge Garant der Wahrheit ist, denn der Neurotiker lügt

---

[175] Fölsing, A., Albert Einstein, Suhrkamp (1995) S. 579

unbewusst gezwungenermaßen. Indem der Neurotiker ein zu empörtes 'Nein' ausruft, weiß man, dass 'Ja' gemeint ist. Gerade die Theatralik und Heftigkeit seiner Empörtheit lässt uns das Gegenteil vermuten. Die Quanten täuschen uns vielleicht, aber sie lügen nicht. Die luziden Träume lügen auch nicht, aber sie sind nur sprunghafte Visionen. In dem hier relevanten Problem aber geht es um 'Wahrhaftigkeit, und das ist etwas ganz anderes als die Wahrheit des naturwissenschaftlichen Kalküls' oder die eines ausgemacht luziden Spiels, das ohnehin nur ein Wissen ist.[176] Gott muss ein wirklicher Anderer sein, und nicht nur ein Alibi für den Priesterstand. Er muss genau jener Spiegel sein, der gerade durch seine Leere, gerade weil er im Begehren, im Genießen ein Anderer ist, 'das Wahre des *Strahlt / Spricht* begründet.'[177] Auch in Wolfs System gibt es keinen wirklich signifikanten Anderen, wir alle sind eigentlich die gleichen unschuldigen Träumer mit den täuschenden Blicken und verstellten Stimmen (wovon auch der 'orale Blick und der primär-primitive Anspruch' des Neandertalers ein Beispiel ist).

---

[176] Weiß, H., Der Andere in der Übertragung, frommann-holzboog (1988) S. 159

[177] Lacan, J., Le transfert, Seminaire Nr. VIII, ed. Seuil (1991) S. 439 in leichter Abwandlung dieses Begriffs.

3. 2 Die Sprachen Freuds und Kafkas

Ich schreibe dieses Buch nur aus dem Grund, dem Leser das Verfahren der *Analytischen Psychokatharsis* schmackhaft zu machen, und dazu lassen sich die Sprachen Freuds und Kafkas ideal nutzen. Die beiden waren nicht nur Zeitgenossen, auch ihre pessimistische Sprache war die gleiche. Sie wussten aber, dass sie mit einer guten Portion Negativität mehr erreichen konnten, als wenn sie alles nur positiv geschildert hätten. Freud meinte, die besten Gedanken sind nur dazu da, das Treiben der Grundkräfte, der Triebe, zu verschleiern und ihnen so hintenherum zum Ziel zu verhelfen. Der Mensch bleibt sein Leben lang in den infantilen Strukturen seines Unbewussten gefangen und so kann ihm kaum etwas vermittelt werden. Und so ist auch meine Meinung diejenige, die schon Goethe in seinem Faust anklingen lässt, indem er schreibt, dass man „das beste, was man wissen kann, den Buben doch nicht sagen darf" – d. h. nicht zu vermitteln ist. Auch von der Psychoanalyse meint Lacan, „sie seit nicht übermittelbar. Es ist schon ziemlich ärgerlich, dass jeder Psychoanalytiker gezwungen ist – denn er muss ja dazu gezwungen werden – die Psychoanalyse neu zu erfinden".[178]

Dass selbst mit dem besten Sagen sich nichts vermitteln lässt sieht bei Kafka so aus, dass man entweder alles von ihm Beschriebene als Spiegel der aller alltäglichsten Ereignisse versteht, oder dass man sie mit enormen akademisch-literaturkritischem Aufwand zur tiefsinnigsten Psychologie- und Gesellschaftslehre erklärt. Ein Beispiel für den ersten Standpunkt: Man geht zu einer Behörde, der Pförtner sagt, die Beratungsstelle ist im zweiten Stock Zimmer 23. Dort angekommen liest man, Zimmer 23 heute geschlossen, gehen Sie zum Schalter 5 im Erdgeschoß, wo man erfährt, dass vor der

---

[178] Kongress über Psychoanalyse vom 7. – 9. 7. 1978 in Paris.

Beratung eine Eingabe beim Hausmeister gemacht werden muss, wozu man aber am besten zuerst beim Pförtner nachfragt . . usw., usw., ganz kafkaesk. So wandert z. B. die Romanfigur Herr K. zum Schloss (im gleichnamigen Buch) einen Weg, der anfangs nicht weit erscheint, aber dann zieht er sich doch endlos dahin. Wer würde so etwas nicht aus eigener Erfahrung kennen? Für den zweiten Standpunkt ist mir zu wenig von der immensen Literatur bekannt, ich kann jedoch mit einer anderen Kurzgeschichte aufwarten.

Der von mir oben zitierte A. Wilson erzählte seinem zenbuddhistischen Meditationslehrer die Geschichte vom Türhüter auf den letzten Seiten von Kafkas Roman ‚Der Prozess‘. Der Gefängnispfarrer erwähnt dort dem Hauptprotagonisten Herrn K. gegenüber, dass der vor dem Gesetz postierte Türhüter einmal einen einfachen Mann vom Land nicht gleich ins Innere eintreten ließ, ja ihn sogar sein ganzes Leben lang immer wieder auf ein Später vertröstete. Zum Schluss frägt der Mann, warum denn niemand sonst Einlass begehrt hätte, worauf ihn der Türhüter anbrüllt: Dieser Eingang war doch nur für dich bestellt. Ich gehe jetzt und schließe ihn. Aus, Ende. Herr K. empört sich über diese üble Täuschung des Türhüters, aber der Gefängnispfarrer argumentiert geschmeidig, dass dieser doch nur liebevoll seine Pflicht getan habe, und so diskutieren sie beide noch seitenlang ohne klärenden Abschluss.

Nun sagte der zenbuddhistische Meditationslehrer sagte zu dem amerikanischen Autor: komm, ich zeige dir wie es von Zen her zu verstehen ist. Da ist die Tür, sagte er, ging in den nächsten Raum, und als der Autor ihm folgend eintreten wollte, knallte der Zenmeister ihm die Türe vor der Nase ins Gesicht. Beschädigt aber aufgeputscht applaudierte der Amerikaner, das Wesen des Zen aber auch Kafkas nunmehr toll verstanden zu haben. Grotesk! Irrwitzig! Und schlechthin dumm! Es ist zwar ein Statement zwischen den beiden oben genannten Standpunkten, aber keine wirkliche Lösung, nichts Logisches, nichts Verbindliches, nur eine aggressive Effekthascherei. Schon Kafkas Geschichte war irrwitzig. Aber so kann ich es für mein Buch gut verwenden. Von Kafka lässt sich eben nichts Definitives sagen. Auch wenn die Zen-Version wortlos und schlicht brutal ist, schildert Kafka den Dialog zwischen Gefängnispfarrer und Herrn K. immerhin noch so logizistisch umschweifend und pseudodialektisch, dass zwar nichts herauskommt, aber klar wird, dass die Türe sowieso immer schon zu war. Kafka stolpert, schwankt, irrlichtert zwischen dem Anderen des Wortes und dem der Sterne hin und her und so hätte er dringend eine psychoanalytische Meditation gebraucht.

Bei Kafka scheint es egal zu sein, ob man sich liebt oder betrügt, Verbrechen begeht oder nicht, weil ohnehin das Absurde dominiert. Andererseits aber hielten diese Geschichten den Autor Kafka am Leben, das sonst tödlich morbide war. Noch mehr als bisher bei den Philosophen und Physikern gezeigt, bedingen sich bei Kafka Biographie und Werk in sehr enger Vernetzung und lassen so das literarische Objekt, das 'Ding an sich', das Objekt als solches, entstehen. Es ist das Irrationale, das am Rande des Sprachvermögens, an der Grenze der 'Sprachlichkeit' oder des Sprechbaren (ich habe es beim Neandertaler die 'Spreche' genannt) liegt. So kommt bei Kafka etwas zustande, das den *Formel-Worten* der Analytischen Psychokatharsis ähnelt, nämlich dass viele Bedeutungen in einer einzigen Schilderung stecken, die aber für sich selbst nichts sagt.

Kafkas Figuren sind nicht die logisch ausgerichteten Denker, sondern gerade solche, die einem seltsamen Nichtdenken unterworfen sind, so dass alles so aussieht, als würde eine Orwellsche geheime Macht der Regisseur seiner Dramen sein. Kafka ließ sein Schicksal und seine unglückliche Erotik (insbesondere die mit Milena) aus seiner Feder fließen, als lebe er direkt in seinen widersprüchlichen Figuren. Es geht bei ihm meist um unschuldige Menschen, die aber doch irgendwie – speziell durch ihre eigene Verstrickung – auch schuldig sind, so dass man die ganze Geschichte gar nicht hätte erzählen müssen und doch würde sie fehlen, weil man nur so sehen kann, dass alles wie beim Anderen des Wortes und der Sterne kontrapunktisch verläuft. Das heißt, in der ursprünglichen Kombination der beiden sieht es so kafkaesk aus, doch man kann die Kombination verbessern. Auch ohne die Hilfe der *Analytischen Psychokatharsis* oder der Psychoanalyse kann ein erfülltes und erfolgreiches Leben entstehen, doch dann muss man gut schreiben können.

Bei Kafka durchleben und durchleiden die Romangestalten (fast immer Herr K.) also durchaus logische Aktionen, aber das Gesamt der Erzählung ist vollkommen widersprüchlich und irrelevant. Zudem vermischen sich die Schuldfragen mit der einer ebenso paradoxen Erotik. Der Herr K. – sowohl im 'Prozess' wie im 'Schloss' – hat immer wieder Affären mit Frauen, durch die sich die Missverständnisse der Schuldfragen mit der einer möglichen Schambetroffenheit noch verdoppeln. Es ist, als schiebe sich zwischen die einzelnen Erfahrungen so wie auch zwischen die einzelnen Sätze stets eine 'Umkehrung', wie ich sie schon erwähnt habe, und wie sie eben auch für die Psychoanalyse typisch ist. Dort ist der Psychotherapeut wie bei Kafka ein ‚sprechender Niemand‘ und ein ‚leerer Spiegel‘, in dem der Patient sich erkennen kann, weil vom Therapeuten selbst nichts darin ist, wie Lacan konstatierte.

In der Freudschen Psychoanalyse ist also, wenn auch manchmal schwer herauslesbar, das Unbewusste die Kombination von *Strahlt* und *Spricht*. „Die Freudsche Welt ist keine Welt der Dinge, sie ist keine Welt des Seins, sie ist eine Welt des Begehrens als solchem. Jene berüchtigte Objektbeziehung, die wir im Augenblick ständig im Munde führen, man ist bestrebt, aus ihr ein Modell, ein *pattern* der Anpassung des Subjekts an seine normalen *Objekt*e zu machen. Das Subjekt hat sich dem Ding anzumessen in einer Beziehung des Seins zum Sein – der Beziehung eines subjektiven, dennoch aber realen Seins, eines Seins, das sich seiend weiß, zu einem Sein, das man seiend weiß. In einem ganz anderen Relationsregister richtet sich jedoch das Feld der Freudschen Erfahrung ein. Das Begehren ist eine Beziehung des Seins zum Mangel. Es ist nicht der Mangel an diesem oder jenem, sondern Mangel an Sein, wodurch das Sein existiert."[179]

Exakt aus diesem Grund des kreativen Mangels, der ein begehrendes, liebendes, wünschendes Sein zur Existenz bringt, spreche ich vom Anderen des Wortes und der Sterne. Denn die Andersheit, die Umgekehrtheit, die Fremdheit erzeugt in der menschlichen Seele (ich benutze dieses Wort absichtlich, viele Psychoanalytiker wollen nur von der Psyche reden) jene Dynamik vom Mangel und der Auseinandersetzung mit ihm. Der/Das Andere kann so provozierend und umkehrend wirken, dass es wie eine Mangelsituation erscheint. Ich habe diese Angelegenheit gerade oben mit dem Wesen der universellen und omnipotenten Frau aufgegriffen (in der Geschichte der Esoterikerin C. Griscom), die eben *Strahlt* wie ein betörender, faszinierender, funkelnder, verführerischer Sternenhimmel, aber es ist nichts dahinter.

Das Schaubegehren allein, die Lust, sich in den Bildern zu erfassen, zu spiegeln, zu verschmelzen, blitzt zwar auf, enthüllt aber gleichzeitig einen grundsätzlichen Mangel, den Mangel, ein nur-begehrendes Wesen zu sein, und der nur aufgefangen werden kann durch einen Anruf, Anspruch, ein *Spricht*, das die Bilder wenn auch in wankender, schillernder Weise, so doch in Schwebe hält. Das Andere der Sterne kann das Begehren zeigen, enthüllen, ja vielleicht sogar primär-primitiv dramatisieren, aber nicht zur Anerkennung bringen, nicht zur sprachlichen Bestätigung führen. Umgekehrt wäre die Sprechlust allein Monolalie, reine 'diskursive Libido',

---

[179] Lacan, J., Das Ich in der Theorie Freuds, Seminar Nr. II, Walter (1980) S. 283

'Lust am reinen Sprechereignis' wie bei Foucault,[180] indem nicht tiefe, dichte Bilder hin und wieder wirkliche Kraft und Ausdruck verleihen. Der Seinsmangel droht und mahnt also auch im Anderen des Wortes, das wie der Gesang der Sirenen gefährlich klingen kann, aber auch gerade wegen seiner Andersheit Worte aus dem Unbewussten herauspressen kann, die zur Wahrheit führen.

All dies passiert in jedem Moment unseres Daseins, und er ist nicht ein Mangel an Objektivem, sondern ein Mangel an Subjekt-Sein, Wesen-Sein (Trieb- und Anerkennungswesen), *Strahlt / Spricht*, das allein wir Menschen sind als Menschen.[181] Beim Üben der *Analytischen Psychokatharsis* locken die *Formel-Worte* aus dem Unbewussten etwas heraus, das ich *Pass-Worte* nenne. Denn es sind Wahrheitsworte, Identitätsworte, wie ich sie in den nächsten Kapiteln beschreiben werde. Ich hoffe, jetzt wird auch klar, dass es nichts nützt immer wieder Erklärungen und Beschreibungen, Text um Text aneinander zu reihen, und der Leser bleibt dennoch irgendwo außerhalb stehen. Bei Freud muss er Farbe bekennen, muss er seine intime oder zurückgehaltene 'Denke' enthüllen. Aber wie will ich nun dasselbe durch ein Buch erreichen? Muss ich nicht auch jetzt abbrechen und die *Formel-Worte* endlich hinschreiben, die so konstruiert sind, dass das Üben mit ihnen eben genau so und vielleicht sogar

---

[180] Mazumdar, P., in Foucault, Einleitung: Über Foucault, Diederichs (1998)

[181] In der griechischen Fabel von Narziss und Echo wird deutlich, dass der Schautrieb, wenn man sich ihn isoliert vorstellen wollte, in einer Spiegelungslust besteht, dem Narzissmus, der Sprechtrieb in einer Wiederholungslust, den wir Echoismus nennen müssten (was witzigerweise an Egoismus erinnert). In der besagten Fabel ist Narziss derjenige, der immer nur sich selber sieht, während Echo nur ihr Rufen wiederholt, die beiden kommen nie zusammen.

noch tiefer und körpernäher diese 'Denke' öffnet? Ich habe doch die Teilnehmerperspektive so favorisiert! Ja, noch eine Bemerkung zur Sprache Freuds und ich werde dazu kommen.

Der Umkehr-Konflikt zwischen *Strahlt* und *Spricht* eignet sich viel besser, die Freudsche Erkenntnis deutlich zu machen, als die Zusammenhänge zwischen Trauma und Trieb, Lust- und Wiederholungsprinzip, Besetzung und Abfuhr in ihren Verschachtelungen darzustellen. E. Löchel weist nach, dass man den Begriff des Todestriebs nie erklären kann, und dass der Freudsche Todestrieb auch von Freud in seiner Schrift 'Jenseits des Lustprinzips' nicht deutlich gemacht werden konnte,[182] und so wie bei Kafka ungelöst bleibt. Neben der Gewissheit, dass es einen Tod nach dem biologischen Leben gibt, muss es auch einen 'Tod im Leben' geben, 'der das psychische Leben überhaupt erst in Gang setzt', sagt Löchel. Vielmehr kommt der Todestrieb durch die widersprüchliche, in sich zerrissene Art der Argumentation, der Beweisführung und wieder Zurücknahme der Beweise selbst, also einer Schrift, in der Freud durch dauerndes Abwägen und wieder Verwerfen den Konflikt als Text-Form-Konflikt, als Eros-Todeskonflikt darstellt, am besten heraus.[183]

---

[182] Vergl. Lacans Unterscheidung: der Tod, den das Leben trägt, und der Tod, der das Leben trägt, in Schriften II, Walter (1975) S.185 sowie Lacans Bezug zu de Sade. De Sade fordert zwei Tode, den Lustmord und dann noch die totale Vernichtung selbst der Leiche, damit die Natur voll zu ihren Urelementen zurückgekehrt und sich wieder total erneuert. Dieser zweite Tod nun, meint Lacan, müsse vor dem ersten kommen, es ist der psychische Tod, der Tod im Leben. Die Argumentation de Sades ist skurril.

[183] Löchel, E., 'Jenseits des Lustprinzips': Lesen und Wiederlesen, Psyche Nr. 8 (1996) S. 681-714

Der eine Trieb steht dem anderen entgegen, und das, was sich zwischen den Menschen aussagt, kann sich so nicht restlos formulieren, der Analytiker muss helfen, das auszudrücken. Jedoch reicht die klassische Analyse für grundlegendere Probleme nicht aus. Wie damals beim Neandertaler seine so kompakte *Strahlt / Spricht*-Kommunikation, -Enthüllung nicht ausreichte und es die rituellen Totemmahlzeiten brauchte, so müsste der Analysand heute selbst noch mehr zum Wissenschaftler in eigener Sache werden können, er müsste noch mehr, intensiver, 'realer', neandertalerischer assoziieren können.[184] Und damit ist ein vorläufiges Ende unserer theoretischen Diskussion erreicht und ein Ausflug in die direkte Praxis notwendig.

---

[184] Rosset meint, in der Analyse müsste das Geheimnis, das der Analysand am eifersüchtigsten wahrt, nämlich dass er eigentlich gar nichts zu verbergen hat, enthüllt werden, und dies geht nur mit einer gewissen Gewaltsamkeit, die der der Vergewaltigung im Beichtstuhl ähnlich ist. Rosset, C., Das Reale, Suhrkamp (1988) S. 33,34

IV. ARE VID EOR

4. 1 Arithmetik und *Formel-Wort*

Um also nicht weiterhin zu lange herum zu theoretisieren, schreibe ich eines dieser bereits mehrmals angekündigten *Formel-Worte* hier auf. Sie sind der Kitt, der – sozusagen – das *Strahlt* und *Spricht* zusammenhält, verbindet, aber auch eine Trennung darstellt, und vor allem ein direktes Einüben in die Dynamik dieser zwei Grundtriebe, -prinzipien ermöglicht. Ich habe diesen Kitt bisher immer durch den Schräg-Bruchstrich ausgedrückt, der ja wie verschiedentlich schon gezeigt ebenfalls dieses Trennend / Verbindende an sich hat. Ein senkrechter Strich wäre nur trennend, ein waagrechter nur verbindend. Um dem Charakter des *Formel-Wortes*, zu dem ich hier die lateinische Sprache benutze, jedoch ganz speziell gerecht zu werden, schreibe ich es erst einmal in Kreisform. Damit wird seine formal-logische Struktur am besten sichtbar.

Abb. 6
Formel-Wort in Kreisschreibung (im Uhrzeigersinn zu lesen)

A RE VIDEOR	Ich werde von etwas gesehen
DE ORARE VI	Vom Sprechen mit Überzeugungskraft
VIDEO RARE	Ich nehme ungewöhnlich wahr

Man kann es dann nämlich von verschiedenen Buchstaben, verschiedenen Stellen im Kreis aus lesen und bekommt immer wieder eine andere Bedeutung heraus. Man kann z. B. beim D anfangen, beim V oder beim A. Jedes Mal kommt ein anderes Wort, ein anderer Satz oder ein anderer Sinnzusammenhang zustande. Ich nenne erst einmal nur drei (der Lateinkenner wird sicher sofort mehrere herauslesen können). Später werden andere folgen.Dass es gerade drei oder mehr sein müssen hat einen sowohl mathematischen (arithmetischen) als auch psychoanalytischen Grund. Den psychoanalytischen werde ich im Weiteren erklären. Er hat etwas damit zu tun, dass das Unbewusste nicht über die Drei hinaus zählen kann. Das Unbewusste 'denkt nicht, zählt und kalkuliert nicht, aber es weiß', sagt Freud. Es 'ist der Teil des konkreten Diskurses als eines überindividuellen, der dem Subjekt bei der Wiederherstellung der Kontinuität seines bewussten Diskurses nicht zur Verfügung steht'.[185] Im arithmetischen Sinne zählen ist etwas uns eigentlich Fremdes, Künstliches, Intellektualisiertes.

Deswegen zählte der Neandertaler nicht als er selbst, als Ich, sondern Es zählte in ihm. Natürlich hätte er mit dem oben geschriebenen Buchstabenkranz nichts anfangen können. Selbst wenn er ein wenig Ahnung von schriftlichen *Zeichen* gehabt hätte, ihm hätte einfach nur der Zeichenkranz als solcher, der Strahlenkranz (das darin enthaltene *Strahlt*) gefallen. Diese simplen topologischen Elemente konnte er 'lesen'. Aber bei uns heute ist es umgekehrt: wir brauchen eine derartige seltsame Ver-Schriftung des *Strahlt* und *Spricht*, um wieder zu unseren eigenen Ursprüngen zurückzukommen. Wir können nicht mehr nicht lesen, wenn wir Buchstaben sehen, wird müssen das zu viel Lesen verlernen, um wieder *konjektural Denken* zu können. Einmal durch eine Stadt ge-

---

185 Lacan, J., Schriften I, Walter (1980) S. 97- 98

hen und versuchen keines der Schilder und Reklamen zu lesen! Unmöglich.

Die Arithmetik, die reine Zahlenlehre, ist ja der eigentliche Ausgangspunkt der Mathematik. Es ist gar nicht so einfach, sich klarzumachen, wie das Zählen der ersten ganzen Zahlen wirklich vor sich gegangen ist oder geht, d. h. vor allem, wenn man aus dem Zahlenbegriff selbst das Zählen ableiten will. 'Keine empirische Theorie ist nämlich in der Lage, Rechenschaft zu geben von den ersten ganzen Zahlen'.[186] Uns erscheint es so einfach und logisch, dass man bei der Eins anfängt und in immer gleichen Schritten bis weiß Gott wohin geht, zählt. Aber wie kann man das empirisch begründen, wie hat der Mensch das Zählen in unserem Sinne angefangen? Schließlich ist eine derartige Überlegung wichtig, habe ich die Sprache der Physiker doch etwas skeptisch betrachtet, indem sie behauptet haben, dass sie die Wirklichkeit nicht beobachten, sondern nur berechnen können.

Auf jeden Fall gibt es bis zum heutigen Tage nur rein arithmetisch-mathematische, d. h. axiomatische Vorgehensweisen, zu einer klaren Zahlentheorie zu kommen, und selbst die erweisen sich immer wieder als nicht stichhaltig genug. Umso stichhaltiger wird sich für das Zählen das *Formel-Wort* erweisen. Denn in ihm zählt Es von selbst. Es er-zählt, und indem Es die vielen Bedeutungen, die in ihm stecken, erzählt und erzählt, sind es nicht mehr wir – wir bewusst 'gerichtete' Denker – sondern Es, das im Denken / Nichtdenken steckt, und das somit rückwärts, negativ zählt. Denn von den vielen Bedeutungen des *Formel-Wortes* bleibt am Schluss keine mehr übrig, Lacans Mangelsignifikant macht sich bemerkbar. Erst jetzt fängt Es an richtig zu zählen.[187]

---

[186] Lacan, J., Les Psychoses, Seminaire III, edition seuil (1986) S. 209

[187] So ging auch Freud vor. Wenn es im Traum um Zahlen ging, ließ er seine Patienten die Zahlen so lange zerlegen, bis eine

Der Mathematiker Frege war einer der ersten, der anfangs des 20. Jahrhunderts eine exakte Arithmetik vorzulegen versuchte. Er wollte durch ein logisches Sprechen zeigen, wie man ‚zu den ersten Sätzen über das Zählen der Zahl' kommt.[188] Es ist nicht unsinnig, sich so zu fragen, und der Leser, der hier jetzt aufgibt, versäumt etwas und ist unfair wie viele neuere Mathematiker, die leicht sagen können, dass Freges Versuch nichts anderes war als 'Logizistik'. Diese Überheblichkeit kommt nur daher, weil wir heute über konstruktivistische, formalistische und strukturalistische Arten der Mathematik verfügen, im Grunde genommen aber genauso aufgegeben haben, empirisch begründete Aussagen über die ersten ganzen Zahlen zu machen. Frege ist noch mit Kant eng verbunden und will vermittels der mit der Logik übereinstimmenden Arithmetik ein analytisches Urteil a priori fassen. Es geht darum, 'die Äquivalenz einer Zahlengleichung mit einer Gleichzahligkeitsaussage zwischen Begriffen zu beweisen'.[189]

Dies glaubt Frege mit dem Satz: 'Die Anzahl, welche dem Begriffe F zukommt, ist der Umfang des Begriffes, gleichzahlig dem Begriffe F', zu erreichen. Die Kritik beißt sich sofort an dem Wort 'Umfang' fest, eine Schwachstelle von Freges Logik. Denn nun wird die zwar elegante Ableitung, '0 ist die Anzahl, welche dem Begriffe ‚`sich selbst ungleich´ zukommt' und die folgende, '1 ist die Anzahl, welche dem Begriffe `gleich 0´ zukommt, und die darin enthaltene Aussage, dass der Schritt von der 0 zur Eins somit geklärt ist, fragwürdig, ja tatsächlich logizistisch. Ist nämlich 'Umfang' nicht schon ein Zählen? Kurz, man ist einfach nicht ganz

---

deutlich heraustach und die mit der gesuchten Wahrheit zusammenhing.

[188] Frege, G., Die Grundlagen der Arithmetik

[189] Thiel, Ch., Einleitung zu Frege, in: Grundlagen der Arithmetik S. XXXVII

mitgekommen, man hängt noch an dem Wort 'Umfang des Begriffes' oder an irgendeiner anderen Stelle seiner scheinbar so fehlerlosen Argumentation. Es fehlt einem, um mit Kant und Einstein zu reden, ein räumlich-zeitlicher, oder psychoanalytisch gesagt, ein aufs Subjekt bezogener Satz über das Zählen der Zahl. Und dies kann einem eben gut der Neandertaler vermitteln oder eines der *Formel-Worte*.

Auch die Mengenlehre führte hier nicht weiter. Der Philosoph B. Russel hat bekanntlich gemeint, dass die Mengenlehre in sich selbst widersprüchlich sei, weil man die Frage, ob 'die Menge aller Mengen, die sich nicht selbst als Element enthalten (Russelsche Menge R), sich selbst als Element enthält' nicht eindeutig beantworten kann. Dagegen wenden die Mathematiker ein, man könne den Widerspruch dadurch auflösen, indem 'die Elemente der Menge nicht erst durch die Menge selbst definiert werden'.[190] Das ist allerdings ein billiger Trick, denn dann verliert der von Cantor entwickelte Mengenbegriff wieder völlig seinen Sinn. In ihm werden 'wohlunterschiedene *Objekte*' durch den Mengenbegriff 'zusammengefasst'. Löst man diesen Begriff auf, müssen nunmehr die einzelnen Elemente 'wohlunterschieden' werden, was ja gerade ein enormer mathematischer Aufwand ist, der die Mengenlehre ad absurdum führt. Denn dadurch muss jetzt die 'Wohlunterschiedenheit' definiert werden, wofür wieder weitere *Objekte*, Mengen, Wohlunterscheidungen eingeführt werden müssen ad infinitum.

Die Auflösung der Russelschen Antinomie ist viel einfacher dadurch möglich, 'dass der Buchstabe, dessen sich die Logiker bedienen, etwas ist, was in sich selbst eine Macht hat'.[191] Denn der Buchstabe entstammt schon dem Sprechsystem,

---

[190] Jahle, F., Boolsche Algebra, Bayerischer Schulbuchverlag (1978) S. 21

[191] Lacan, J., L'Identification, Mitschrift des Seminare Nr. I X, B.R.F.L Strasbourg, S. 102

das ja auch der Mathematiker z u e r s t benutzen muss, das sich somit bis in seine letzte Struktur, ja bis in sein letztes Bild, sein ‚Anschauung' hinein erst auflösen müsste, um dann, sozusagen aus dem Nichts, aus der Null heraus mit dem Zählen anzufangen. Wenn ein Mathematiker schon 'M' sagt, ist das nicht nur eine Abkürzung für Menge, sondern etwas mit dem man dann Gleichungen schreiben kann, d. h. etwas Signifikantes. Die Probleme der Infinitesimalrechnung wurden in erster Linie 'durch die geniale symbolische Schreibweise',[192] die Leibniz mit dem Integral-*Zeichen f* schuf, gelöst, und vor allem auch dadurch, dass man die Integrale in einen gewissen Gegensatz zu den Differentialen bringt.

Die Mathematik beruht somit genauso wie der 'aufs Äußerste reduzierte Mythos' darauf, 'identisch zu sein mit ihrem eigenen Signifikanten'.[193] Der Signifikant kann sich nur durch seine Opposition zum anderen Signifikanten aussagen, so wie das *Strahlt* zum *Spricht*. Denn es geht ja nicht wirklich um ein physikalisches, aber auch nicht nur um ein rein virtuelles Anderes der Sterne. Es geht um ein signifikantes, weil es in eine Urbeziehung zum Anderen des Wortes gesetzt ist. Es ist der Signifikant in dem Sinne, wie ihn die Linguistik gefunden hat, dass er die Sprache begründet durch 'eine Alternation von Signifikanten'. Die Sprache, die Cantor, Russel, Kant, Einstein, Freud und alle sprechen, wenn sie sprechen, egal ob verbal oder averbal, sprachlich oder mathematisch.

Das Spiegel/Symbol des *Strahlt / Spricht*, finden wir jetzt durch das *Formel-Wort* ersetzt, weil der Strahlen-Kranz der Buchstaben eben auch gleichzeitig *Spricht* – ohne, und das

---

[192] Courant, R.E., Robbins,H., Was ist Mathematik, Springer (1992) S. 302

[193] Lacan, J., L`envers de la psychanalyse, Seminaire Nr. XVII, (1991) S. 103

ist jetzt das Entscheidende – ohne dass eine der Bedeutungen bevorzugt, präferiert werden kann! Warum sollte im Kreis irgendein Buchstabe mehr bedeuten, sein Anfang also bevorzugt werden? Nichts zwingt einen bei dem V oder bei dem A anzufangen, aber es kommen unterschiedliche Aussagen heraus. Man könnte den Buchstaben Zahlen zuweisen, aber das nützt nichts, denn das habe ich ja gerade betont, dass nichts das Zählen (wo man anfängt, weitergeht und endet) aus sich heraus rechtfertigt oder erklärt.

Die Mathematik ist eine reine Formalwissenschaft, eine Wissenschaft der reinen Formalismen, die auf den 'Sprachstrunk' zurückgehen, auf den 'Knotenzustand des 'Sprechens',[194] wie er sich beispielsweise in psychischen Ausnahmesituationen, in denen z. B. nur noch ein Wort hervorgestoßen werden kann (auch hier der Bezug zum Neandertaler!), darstellt. Das könnte dann auch nur noch eine Chiffre, eine Formel sein. Aber dazu braucht man das Sprachvermögen. Indem sie aber solche Formalaspekte liefern, können die Mathematiker einem oft wesentliche Anstöße geben.

Damit kann ich nun das Zählen erklären. Die Triade, die Dreiheit (oder Mehrheit) ist also immer schon im voraus gegeben, bevor die Einheit als Eins gezählt wird, das hat Euklid tatsächlich schon richtig erfasst und wir brauchen sie für unseren Gebrauch nicht zu einem Axiom zu machen. Wenn es in diesem formelhaften *Strahlt / Spricht* schon zählt – und dazu gehört das *Formel-Wort* natürlich in idealer Weise – dann, weil eben *Es* darin zählt, *Es* und niemand sonst. Ich kann nicht sagen, dass drei Bedeutungen in diesem Sprachstrunk des *Formel-Wortes* als drei zählen, weil es drei sind. Und zwar nicht nur deswegen nicht, weil es (wie noch später zu sehen sein wird) viel mehr sind, sondern weil alle zusammen keinen Sinn ergeben, keinen Sprachsinn, keinen

[194] Lacan, J., Freuds technische Schriften, Seminar I, Walter (1980) S. 136

signifikanten Sinn, keinen ,Zähl-Sinn'. Was zählt könnte somit eine Bedeutung sein, die noch über die Anzahl der direkt zu erfassenden drei oder mehr Bedeutungen hinausgeht, also einer noch unbewussten Bedeutung. Welche Zahl also den Bedeutungen im *Formel-Wort* zugrunde liegt, wird man erst dann wissen, wenn man die letzte ,Zähl-Sinn'-Bedeutung hat, die subjektbezogen aus einem selbst kommen muss und kein Arithmetiker oder sonstiger Wissenschaftler vorgeben kann.

Ich habe die Triade doppelt vorgefunden: im Bild des *Strahlt* – Bruchstrich – *Spricht* aber auch in der Formulierung des *Formel-Wortes* selbst, indem ich dort bereits drei Bedeutungen in einer einzigen kreisrund geschriebenen Formulierung herausgezogen haben. Wenn man wie Freud von einer Zweiheit der Triebkräfte ausgegangen ist, braucht man als Drittes eine sie kombinierende Struktur. Die Dreiteilung, Dreiheit ist eine 'elementare Kategorie', ohne die nichts erfahrbar wäre.[195] Der Signifikant etabliert sich durch eine Dreiergruppierung. Das wird selbst in der banalsten Grammatik sichtbar, wo wir Subjekt, Objekt und Prädikat brauchen, damit etwas genau so verstanden werden kann, wofür, in welche inhaltliche Richtung es gesprochen ist. Noch deutlicher wird diese Triade im Witz, wo ein 'wenig Sinn', das den Witz einleitet, einem 'Nicht-Sinn' gegenübersteht, wodurch gerade jener Hintersinn herauskommen kann, der die Pointe des Witzes ausmacht.[196] Ich habe an anderer Stelle ausführlich über diesen Grundkomplex der Triade gesprochen,[197] so dass ich nur das Wesentlichste wiederholt habe.

---

[195] Lacan, J., Freuds technische Schriften, Seminar I, Walter (1980) S. 340

[196] Lacan, J., Les formations des l'inconscient, Mitschrift des Seminars vom 11.12.57, B.R.F.L, Strasbourg S. 91 und 184-186. Der 'Nicht-Sinn' erinnert stark an das 'Nicht-Denken'!

[197] Hummel, G. von, *Herz-Sprache*, BoD (2008)

Ein Schritt in die Praxis

Ich mache den Vorschlag, an dieser Stelle nunmehr eine kleine Vorübung der *Analytischen Psychokatharsis* zu unternehmen, um der konkreten Praxis, dem Neandertalerischen, des Anderen des Wortes und der Sterne, endlich ganz nahe zu kommen: Man setzt sich in bequemer Haltung hin und wartet erst einmal darauf, ob sich nicht dieser Primärvorgang des Schautriebs, das *Strahlt* direkt erfahren lässt.[198] Es handelt sich um eine Wahrnehmung von irgendetwas, das diesem Charakter (den ich ja nun schon reichlich geschildert habe) zukommt: ein Scheint, ein *Strahlt*, ein vielschichtiges Erfühlen des eigenen Körperbildes oder gar ein ‚durchrieselndes‘ Spüren seiner *Strahlt*-Punkte, seiner ‚Sterne‘. Egal, Es wird sich einstellen, indem man diese Entspannung durch das langsame, wie monotone gedankliche Wiederholen des *Formel-Wortes* begleitet. Das entspannte Achten auf irgendetwas vor dem inneren Auge Erscheinendes, Strahlendes, Erspürtes bei gleichzeitigem rein mentalem Wiederholen des (später auch mehrerer) *Formel-Wortes*, führt zu einer kathartischen, befreienden Erfahrung, die dem Schwebezustand in der Hypnose vergleichbar ist.

---

[198] Freud beteuert zwar, dass dies nicht ohne Gefahr möglich ist. Aber dies liegt erstens an seiner Konzeption der Grundtriebe als Eros und Thanatos. Sowohl den Eros-Lebenstrieb als auch den Todestrieb isoliert zu erfahren, wäre sicher für das einzelne Subjekt unmöglich. Die Triebe sind nur in ihrer meist ohnehin vorhandenen Verbundenheit, ihrer 'Legierung' – wie Freud sagt – erfahrbar, aber das ist dann nichts anderes als reiner Sadomasochismus. Etwas anderes ist es jedoch mit den Schau- und Sprechtrieben. Sie können verschiedentlich 'legiert' sein, von der Psychose angefangen bis hin zur Genialität, vom Banalen bis zum Genormten. Oder eben als *konjekturales Denken* als einer Möglichkeit des Überblicks über alle Verschiedenheiten.

Diese oben ja im Kreis geschriebene Formulierung mag bestimmte Gedanken anregen, aber es war ja zu sehen, dass man keine präferieren kann (oder soll), weil es ja speziell auf die rein formale Funktion, die rein formale Wirkung ankommt. Es wird sich irgendetwas einstellen: ein Bild, ein Gedanke, eine kathartische Empfindung (Gefühl des Sich-Öffnens des Unbewussten) oder sonst etwas, das irgendwie dem Charakter eines Es *Strahlt* gleichkommt. Auf jeden Fall – solange es nicht nur bei dem gerade beschriebenen Vorgehen bleibt, sondern irgendetwas anderes eintritt – wird es einem vorher unbewusst gewesen sein. Es wird etwas *Anderes* sein, etwas Neues, Bewegendes. Und in diesem Moment wird Es zu zählen anfangen. Das *Spricht*, die letzte Bedeutung wird auftauchen, die ich dann wegen ihrer Direktheit, aus dem Unbewussten wie erwähnt ein *Pass-Wort* nenne.[199]

Damit ist man jedoch schon bei der zweiten Übung (nochmals: eine weitere Darstellung des Verfahrens findet sich ab Seite 176). Während die erste Übung also mehr mit dem *Strahlt* zu tun hat, konzentriert man sich in der zweiten Übung auf das *Spricht*, das anfänglich nur ein Ton, ein Laut, ein Es Verlautet sein kann. Nach einiger Zeit des Übens taucht dann – manchmal wie von weit, aber erkennbar von innen her – ein Gedanke auf, der befremdlich erscheinen

---

[199] Natürlich kann man dies in jeder einigermaßen guten Meditation oder vielleicht sogar in einem Gebet auch erreichen. Aber bei allen anderen Verfahren muss ich den zugrundliegenden Hintergrund mitnehmen. Ein Gebet ohne Gott und die entsprechende Konfession wird es nicht geben. Eine Meditation ohne mythisch, mystische Einrahmung ist ebenso unmöglich. Beim *konjekturalen Denken* geht es dagegen um ein wissenschaftliches Verfahren, das aus sich selbst ebenso wissenschaftlich entsteht und in nichts anderes sonst interveniert. Nochmals erwähne ich, dass ich den rein praktischen Prozess *Analytische Psychokatharsis* nenne.

kann und meist doch sofort als das Eigene erkannt wird. Manchmal handelt es sich auch um einen halben oder ganzen Satz, der oft sofort klar, gelegentlich aber auch etwas rätselhaft sein kann wie es das Unbewusste eben ist, von woher der Gedanke stammt. Um das Ganz verständlicher und plausibler zu machen, füge ich hier ein Beispiel an, das mir vor langer Zeit einmal beim Üben der *Analytischen Psychokatharsis* zugekommen ist. Ich habe es bereits in einem Buch mit dem Titel ‚teetrunken‘ veröffentlicht, denn so lautete auch das *Pass-Wort*.

Ich machte nach einer ausgiebigen Bergwanderung eine Ruhepause und versetzte mich in die Meditation des Verfahrens, wobei ich drei oder vier *Formel-Worte* hintereinander gedanklich wiederholte. Fast wäre ich eingeschlafen, als ich plötzlich diesen ungewöhnlichen Gedanken wahrnahm: ‚teetrunken‘. Seltsam, was sollte das heißen? Vom Tee trunken sein? Kann’s eigentlich nicht geben, aber im übertragenen Sinn war mir der Ausdruck schnell klar. Erstens freute ich mich freilich innerlich schon auf den schönen, heißen Tee, einen Kusmi Darjeeling, den ich im Ort unten trinken würde. Aber die eigentliche Bedeutung hatte damit zu tun, dass mit dem Second Flash der Teesorte auch der Flash Asiens und seiner meditativen Gelassenheit und Weisheit zu mir herübergeweht war. Es hatte mit meinem Meditationslehrer zu tun, den ich zwei Jahre vorher aufgesucht hatte, weil mir die psychoanalytische Ausbildung irgendwie zu bieder, zu routiniert erschienen und ich noch auf der Suche nach einem tieferen Schritt ins Innere gewesen war. Und genau dies war nun der Schritt. Das Unbewusste selbst raunte mir zu, dass man von der Meditation trunken werden könnte, was eine negative und positive Seite hatte.

Negativ, dass es wirklich Trunkenheit im unguten Sinne gab, wenn man sich als westlicher, auf die Wissenschaftskultur unserer Region und Zeit vertrauender Schüler, auf eine aus Asien stammende Meditation zu entscheidender Selbsterfahrung stützt. Auch mein Lehranalytiker, dem ich von meinen Meditationsübungen erzählte, fragte mich warnend, ob ich die Vertiefung meiner Seelenerfahrung nicht in moderner, wissenschaftlicher Weise fortsetzen sollte, anstatt Anleihen beim weit entlegenen Fremden zu machen. Der Osten steht für die große Mutter, der man erliegt, und gleichzeitig tötet man den abendländischen Vater, der für die geistige Kultur und die Wissenschaften des Westens steht. Ich musste einsehen, dass ich so nur der kleine, infantile Ödipus bin, der es wieder einmal auf andere Weise versuchte, meinem Analytiker-Vater zu sagen, dass er zu wenig taugt, mir zu wenig entgegen kommt, mich zu wenig liebt und so weggeschoben, beiseite gebracht werden sollte.

Ich befolgte seinen Ratschlag und verfolgte meine psychoanalytische Ausbildung bis zum Schluss, bis zur Anerkennung durch Fachgesellschaft und Ärztekammer. Aber ich verfolge neben dem westlichen auch den östlichen Weg weiter, was nur unter großen Schwierigkeiten möglich war, obwohl ich ständig sehen konnte, dass Psychoanalyse und Meditation nicht widersprüchlich waren. Schon auf den ersten Seiten dieses Buches habe ich auf das meditative Element in der Ausübung der ‚gleichschwebenden Aufmerksamkeit' des Analytikers und den ‚freien Assoziationen des Patienten im Freudschen Verfahren hingewiesen. Auch an anderer Stelle bin ich differenzierter darauf eingegangen.[200] Nach langem Studieren und ausgedehnten Übungen ist mir schließlich die Entdeckung der aus der lateinischen Sprache stammenden *Formel-Worte* gelungen. Latein, die lingua franca der abendländischen Gelehrsamkeit passte hier wunderbar. Dank der Psychoanalyse Lacans war ich im Westen angekommen mit der Übersetzung östlicher Weisheiten im Gepäck.

Damit war die Trunkenheit nach östlicher ‚Spiritualität' geheilt und konnte ich die positive Seite dieser von früheren

---

[200] Hummel, G. v., *Analytische Psychokatharsis* (2018)

Mystikern oft als Gott-Intoxikation und von mir als das Andere der Sterne bezeichnete Katharsis in den Vordergrund stellen. Diese bis zur beginnenden ‚guten Objektkonstanz' gesteigerte Selbstsublimation der ersten Übung bekommt eine Stärke, die notwendig ist, um den Übergang zur zweiten Übung zu gewährleisten. Denn schon allein in diesem Stärke- und Höhentransfer liegt ein Teil meiner wissenschaftlichen Begründung. Sie ist ja Garant dafür, dass in solch einem Moment der Selbstsublimierung nichts ganz verdrängt, abgespalten oder verworfen sein kann. Wie im erotischen Akt liegt die Seele jetzt blank da, wie die Geliebte bietet sie sich nunmehr zum Genuss an, denn nur, wenn die Triebkraft nicht mehr bloß „zielgehemmt" – wie Freud sagt – sondern direkt, ungehindert ins Ziel gelangt, ist ihrem Wesen Genüge getan. Für den Inhalt, dafür, dass nichts daneben geht, für den Rest von Vernunft, der nötig ist, muss dann der Andere des Wortes sorgen. Er ist jetzt stimuliert, geweckt, angeregt und animiert genug, um im *Pass-Wort* zum Zeugen und Zeuger der Wahrheit zu werden.

Damit wird also dem psychoanalytischen Trieb-Struktur-Konzept exakt entsprochen. Denn die Katharsis ist ausgesprochene Regression, sie hat zweifellos einen infantilen touch. Wie ich bereits andeutete, können bei der Ausübung der *Analytischen Psychokatharsis* Bilder und Erinnerungen an früh Verdrängtes sichtbar werden, doch bleiben sie durch die starke Positivität der Katharsis und die reverberierten *Formel-Worte* und schon gar durch die folgenden (manchmal auch zwischendurch auftretenden) *Pass-Worte* und deren rationale Nachbehandlung ein Nebengeschehen. Selbst wenn sie sehr lästig werden, durch die Übungen können sie immer in Schach gehalten werden und werden erst durch die *Pass-Worte* und deren Deutungsarbeit ganz im psychoanalytischen Sinne aufgelöst. Der Vorteil der *Analytischen Psychokatharsis* besteht jedoch darin, dass man für diese Arbeit nicht mehrmals die Woche und über Jahre hinweg einen Therapeuten aufsuchen muss, wobei die Abhängigkeit von ihm stets eine entscheidende Rolle spielt. Zudem kann man in tiefere Schichten des Unbewussten eintauchen, was in der klassischen Analyse wie erwähnt durch Gegenübertragungen und Enactments behindert wird.

Aber nicht nur von der Erotik her lassen sich diese Übungen der *Analytischen Psychokatharsis* anschaulich machen. Gerade die Praxis lässt sich noch von anderer Seite her zeigen. Das, was ich nämlich mit dem *konjekturalen* Denken mittels des *Strahlt, Spricht* und der *Formel-Worte* erreichen will, gelingt noch am ehesten von allen Neuro- und Kognitionswissenschaftlern D. Hofstadter in seinen neueren Büchern darzustellen und so 'reales' und 'wirkliches' Gehirn zu versöhnen in Form von Kombinatoriken, die ganz unserem Vorgehen entspricht.[201] Für ihn besteht die kognitive Kreativität, die nichts anderes ist als das Genießen des Gehirns, in einer Art lockerem Schütteln, fließendem Verrutschen von 'natürlichen Subeinheiten' von Bildern, Mustern oder auch Worten, so z. B. dem Wort NEUGIER, so dass – ob im Gehirn oder im Computer geschüttelt, ist egal – plötzlich zu UR-EIGEN, UREI-GEN, ja zu UR-NEIGE, UN-REGIE oder GNU-EIER wird.

Das erinnert auch sehr an Freuds Verschiebung bei Versprechern. Es könnte durchaus einmal sein, dass jemand UR-EIGEN sagen will und spricht es als UREI-GEN aus, wohinter sich ganz im Freudschen Sinne ein pikant-heikles Symbol verbergen könnte, von dem der Sprecher eigentlich nichts preisgeben wollte – es auch nicht sagt, aber man könnte es erraten. Dagegen ist unwahrscheinlich, dass er UR-NEIGE sagen wird. Eine solche rein anagrammatische Verrutschung, Vertauschung ist meist zu komplex, um für eine Freudsche Fehlleistung herzuhalten, der Signifikant ist eben etwas an-

---

[201] Hofstadter, D., Metamagicum, Klett-Cotta (1994) und 'Ich bin eine seltsame Schleife', Klett-Cotta (2007)

deres als ein reines Anagramm![202] Der Signifikant führt selbst wenn er grausam ist, wenn er als Unsinn daherkommt, wenn er total simpel ist, noch in Richtung auf einen Sinn, ja die Sinnwirkung, sein 'Dafür-'Sprechen'' ist sein Wesen. Welches selbst unbewusste Motiv sollten wir haben, uns ständig mit völlig wirren anagrammatischen Wörtern zu versprechen? Das kann nur der Computer, der somit über das Ziel hinausschießt. Denn was sollen also die 'natürlichen Subeinheiten' sein, die einen Anstoß zu solchen Kombinatoriken geben könnten? 'Statistisch emergente aktive Symbole', wie Hofstadter spekuliert? Also wieder so etwas Ähnliches wie Bewusstseinsneuronen, von denen wir dann eben eher zu viele hätten, als zu wenige!?

Trotzdem erinnern Hofstadters Versuche sehr stark an ein *Formel-Wort*. Denn seine 'Subeinheiten' ordnen das 'Sprechen' nach bildhaften (auch wenn die Bilder hier in Form großer SCHRIFTZEICHEN erscheinen) Einheiten, nach Einheiten des Schauens, d. h. tatsächlich als Zeichnungen, als Schriften, als Hieroglyphen, die eben gleichzeitig schon Sprecheinheiten sind, Phoneme, Vokabeln. Sie ordnen es schon als *Objekt*e, die man gleichzeitig genießen und erfassen kann. Auf jeden Fall ist die Schrift das ideale Medium unserer Schau-Sprech-Kombinatorik, weil man sie mit nach Hause nehmen und dort einüben kann, genau das, was wir doch suchen. Nur das Einüben geht mit Hofstadters Subeinheiten nicht, da der Computer nicht mit Sinn- und Bedeutungseinheiten arbeiten kann. Ich will also weiter mein Ver-

---

[202] Es könnte Anagramme geben, die dem Gesetz des Signifikanten gehorchen, z. B. Lichtenbergs Wortspiel bei der Lektüre Homers, bei der er statt Agamemnon immer das Wort angenommen las. Aber der esprit des Signifikanten liegt hier nicht im Anagrammatismus, sondern in einer phonematischen Verschiebung und semantischen Verdichtung, die nie in einen totalen Anagrammatismus münden wird.

sprechen einlösen, dass diese Schrift die Triade, die dreifache Überkreuzung von 'Schauen' und 'Sprechen' beinhaltend eine kognitiv-affektive Schrift[203] wird, ein wirklicher LESE-SCHRIEB, ein Wort-Gemälde, ja so etwas wie der Rubik-Würfel (Abb. 11) bei dem drei oder mehr SCHRIEBE in den drei Ebenen des Raumes so verdreht werden können, wie sie wollen, und man dennoch immer etwas Wirkliches LESEN kann.

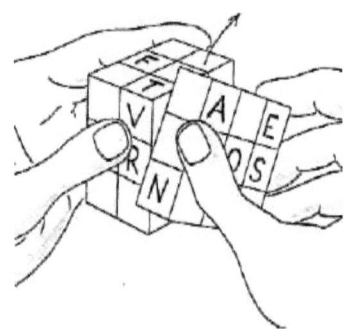

Abb. 7
Der Rubik Würfel
ist in allen drei Richtungen des Raumes verdrehbar. Dadurch ergeben sich zahlreiche Lesekombinationen, so wie es auch mit den *Formel-Worten* möglich ist.

Denn so haben die Frühmenschen, die Neandertaler, in unserer am Anfang zitierten Höhle den Bison gelesen: In Form von drei oder mehr Bildern, Blicken von der Wand: evtl. als Tier, als Geist und als animistisches, beseeltes Wesen, d. h. als eine Kombinatorik zum gleichermaßen animistischen, beseelten Menschen hin. Aber sie haben diese drei Bilder nie zu einem wirklichen LESEN vereinen können. Wir dagegen sind so kultiviert-degeneriert, dass wir angesichts von Buchstaben geradezu zwangsläufig lesen müssen, wir können

---

[203] Weber, J.C., Die Sprache des Abwesenden, Asanger (1988), wo der Autor nachweist, dass bei lesebehinderten Kindern erst so etwas wie das Märchen, der Bildgedanke, das Durchgliedern der Worte, das 'Verschleifen der Lautierung' etc. durch Verknüpfung von Affektivem und Kognitivem das Lesen der Schrift ermöglicht.

'angesichts eines gedruckten Textes nicht n i c h t lesen'![203]
(S.83) Wir können nur kognitiv lesen, nicht mehr affektiv, während die frühen Leser nur affektiv, direkt signifikant, gelesen haben. Sie haben sozusagen noch *aus* dem verborgenen Text *heraus* gelesen, während wir *über* den Text hinweg lesen.

4. 2 Die B(r)uchstaben

ARE VID EOR: Das Wesen dieses *Formel-Wortes* aus der lateinischen Sprache kommt – wie erwähnt – am besten heraus, wenn es in einer Kreisform geschrieben ist. Noch mehr sogar lässt sich mit ihm anfangen, wenn man es sich auf ein Möbiusband oder ähnliche topologische Strukturen geschrieben vorstellt wie es etwa in der Abbildung 8 zu sehen ist. Denn das Unbewusste existiert ja nicht in Kreisform. Man kann ihm überhaupt keine rein bildhafte Form zuweisen. Lacan hat jedoch versucht sich dem Unbewussten wenigstens in topologischen Strukturen zu nähern, z. B. in der Gestalt des Borromäischen Knotens, der Boyschen Fläche und anderen geometrischen Formen. Diese Strukturen sind durch eine besonders enge Durchschlingung von Flächen

Abb.8   Möbiusband mit aufgedrucktem FORMELWORT.
Hier könnte man sich vorstellen, dass man nicht nur in Kreisform liest, sondern z. B. bei jedem zweiten Buchstaben auch auf der Rückseite weiterliest. Dadurch wird die Durchschlingung des Unbewussten besser dargestellt.

charakterisiert. So ist ja bereits beim Möbiusband Vor- und Rückseite nur eine Fläche. Obwohl die eine Seite die umgekehrte der anderen ist, handelt es sich doch um die gleiche Ebene. Ich hatte dieses Phänomen bereits bei Türkes psychoanalytischen Beschreibung der frühmenschlichen Entwicklung und auch bei den ägyptischen Hieroglyphen gefunden: die 'Umkehr' innerer Verhältnisse, die dennoch eine Einheit sind.

Auch würden wir sofort diesem Durchschlingungsmecha-
nismus zustimmen können, wenn es in einer bildhafteren
Schrift geschrieben wäre, so dass es eine *Strahlt-Spricht-*
Formel ist, eine Hieroglyphe, denn in diesem Bild von Wort
verstecken sich wesentlich mehr als drei Vorstellungen, Bedeutungen, Bilder, Vokabeln. Liest man es von verschiedenen Buchstaben ausgehend, so ergeben sich zu den genannten noch zahlreiche weitere Lesarten:

A RE VIDEOR	Ich werde von etwas gesehen
REVIDE ORA	Schau wieder hin, bete!
EVIDE ORAR	Erkenne daraus: Ich werde gespro-
chen!	
VIDE ORA RE	Schau, sprich, in Wahrheit!
VI DEORARE	Mit Kraft voll sprechen
VIDEO RARE	Ich nehme ungewöhnlich wahr
IDEO RARE V	Deswegen selten Fünf
DE ORARE VI	Vom Sprechen mit Überzeugungs-
kraft	
DEO RARE VI	Dem Gotte gelegentlich mit Kraft
EO RARE VID(E)	Dorthin schau selten!
AREVI DEO R	Ich bin vertrocknet durch den
Gott R.	
ORARE VIDE	Das Beten (Sprechen) schau an!

Die Verwirrung könnte nicht größer sein, gerade auch für
den Lateiner, der wirklich eine Botschaft hier herauslesen
müsste. Und doch, genauso ist ja das Unbewusste konstruiert: Es ist eine Schrift, die ich selbst geschrieben, aber nicht
mehr als meine entziffern kann! Wohl kann ich sehen, dass

es konkrete Bilder, Bedeutungen, Vorstellungen darin gibt, aber nicht mehr oder noch nicht, um was es wirklich geht. Das Unbewusste besitzt zwar schon die *symbolische Ordnung*, ist artikuliert, mir aber nicht so wie das Bewusste direkt zum Herausgeben, zum Aussagen zugänglich. Es ist 'strukturiert wie eine Sprache', aber eine Sprache, die man nicht bewusst zur Verfügung hat, denn es ist 'die Sprache des Anderen'. Des ganz Anderen, des Fremden, des Jenseitigen, des Verkehrt-Herum. Wie das Unbewusste ist das *Formel-Wort Spricht* und *Strahlt*, Anderer des Wortes und Anderes der Sterne zugleich, wenn man bemerkt, dass tatsächlich eine Vision, Vielfalt von Vorstellungen, Bildern darin steckt, aber gleichzeitig auch Aussage, sprachliche Bedeutungen. Das Eine überschneidet sich mit dem Anderen in vielfältiger Form, und was immer auch ins Unbewusste oder in diese Maschinerie des *Formel-Wortes* hineingerät, es wird verwandelt und verändert wieder ausgegeben.

Aber es wird nicht ziellos verändert. Es ist exakt die Struktur eines Urverdrängten (*Strahlt*), die der des Deutens (*Spricht*) gegenübersteht, die Struktur der beiden Grundkräfte, des imaginären und verbalen Signifikanten. Im Es *Strahlt* ist Struktur vorhanden, es ist nicht Nichts. Etwas Strukturelles, Bildhaftes, das damit aber auch schon Möglichkeit zum Symbol, Worthaften in sich hat, ist gegeben. Man kann es mit Lacans Symbolketten aus + und – Zeichen vergleichen, einfachen ‚Kraftlinien', die immer schon eine primitive Ordnung symbolischer Art verraten.[204] Natürlich steckt auch das linguistisch formalisierte *Spricht* im *Formel-Wort*, indem viele Deutungen, Bedeutungen, Vorstellungen gegeben werden, aber erst eine letzte, über alle hinausgehende wird wirklich die richtige Deutung sein, denn keine der gegebenen kann präferiert werden. Nur die Schnittstellen zwischen den einzelnen Buchstaben zählen, weil sie präzise den Bruchli-

---

[204] Lacan, J., Schriften I, Walter (1980) S. 46

nien im Unbewussten gleichen, und deswegen vom Psychoanalytiker Oudée Dünkelsbühler B(r)uchstaben genannt
wurden.[205] Und so wird auch das Strahlt, das Andere der
Sterne, eine letztliche Intensität, Katharsis, erreichen.

Ich habe dies an anderen Stellen bereits mehrfach dargelegt
und will daher nur kurz rekapitulieren: Wer dieses *Formel-
Wort* gedanklich, mental, in sich wiederholt, greift, dem psychoanalytischen Wiederholungsprinzip entsprechend,[206] in
eben diesen Vorgang des *Spricht / Strahlt*, des Urverdrängt /
Deutens, ständig ein und zwingt Es, mehr und mehr seinen
Gehalt, seine Wahrheit, sein Wesen herauszugeben. Denn Es
wird angerufen, aufgerufen, aber nicht mit einer fertigen
Frage, Rufung, Satz, sondern mit dem Gerüst, der Struktur
selbst, um nunmehr Ant – Wort, Ent – Sprechung, Verdrän-
gungs-Deutung herauszugeben. Dies mag in verschiedenster
Form geschehen, wird aber immer jenen Charakter des
Strahlt / Spricht beibehalten, der ja auch durchaus ein Charakter des Denkens sein kann, also eines formulierbaren Ge-
dankens (wenn auch speziell in seiner *konjekturalen* Form).

Formulierbar: was die moderne Linguistik untersucht hat,
war jene Basis des Aussprechbaren, jene Grammatik der Tiefe, jener Grund, die Grundelemente, aus denen heraus Sprache funktioniert. Aber aus was 'generiert' sich das menschliche Sprechen? Welche einfachsten Gesetze liegen ihm zugrunde? N. Chomsky hat 'Primketten', 'Kernsätze', 'Ober-

---

[205] Oudée Dünkelsbühler, U., Zeugnis & Schrift: B(r)uchstaben
an der Couch, Les Etats Généraux de la Psychanalyse (2001
[206] Der Wiederholungszwang gilt als ein elementarer, fast au-
tomatisierter Verdrängungsmechanismus. Es gibt jedoch auch
die gelungene Wiederholung, wie sie die Psychoanalytikerin
Bitsch, A., in ihrem Buch: Diskrete Gespenster, transkript
(2011) S. 121, beschreibt. Diese Tatsache liegt auch der Wiederholung der *Formel-Worte* zugrunde.

flächen- und Tiefenstrukturen' der Grammatik herausgear-
beitet, die heute schon längst wieder um- und weiterformu-
liert worden sind.[207] Wie stets will ich mich aber gar nicht zu
tief und umfassend in die Linguistik als einer universitären
Wissenschaft hineinarbeiten. Wäre nicht AREVIDEOR die
ideale Tiefenstruktur, der ideale Kernsatz, die ideale Prim-
kette? Denn dieser Satz befindet sich nun wirklich an der
Grenze des Sprechbaren, der 'Sprachlichkeit', und das heißt
dort, wo Chomsky die grammatische Tiefenstruktur letztlich
sogar auf genetische Grundlagen (chromosomale Strukturen)
zurückführen wollte. Solch ein Vorgehen ist aber viel speku-
lativer, nämlich ein unklarer Sprung von der Linguistik zur
Biochemie, während das *Formel-Wort* den psychoanalytischen Grundkomplex (und dies jetzt speziell in einer auch
bildhaften Form) des *Strahlt / Spricht* ideal wiedergibt.

In letzter Zeit hat man in vielen Veröffentlichungen den Zusammenhang zwischen Gehirn, Metrik, Mathematik und
Musik, Rhythmen- und Harmonielehren beweisen wollen:
aber der Bereich der Musik ist viel zu subjektiv und wenn
man einen authentischen Zugang zu all diesen Aspekten haben will, müsste man ihre gemeinsame Entstehungsgeschich-
te aus den Expressionen der ersten Menschen heraus entwickeln. Gewiss ist mein AREVIDEOR nicht so lautmalerisch
wie Formulierungen aus dem Sanskrit, dem Altgriechischen
oder selbst noch aus Petrarcas Dichtungen. All das klinkt
heute noch archaisch-wild, tief musikalisch. Ich aber wollte
mit dem musikalischen Satz der *Formel-Worte* allen zugänglich sein, vor allem auch jenen *Subjekten*, die ihn als praktische Hilfe zur Wahrheit brauchen.

ARE VID EOR (und auch andere *Formel-Worte*, die man
verwenden kann und die z. T. bereits veröffentlicht worden
sind) spiegeln perfekt den Grundkomplex wieder, den Lacan

---

[207] Gardner, T., Hauptströmungen der modernen Linguistik,
Vandenhoeck und Ruprecht (1973)

das innerpsychische Bild des 'zerstückelten Körpers' nennt. 'Die Bilder des zerstückelten Körpers repräsentieren die aggressiven Intentionen',[208] die also viel schwerer in einem Bild, Blick, Struktur zusammenzufassen, zusammenzuhalten sind, als etwa die libidinösen Strebungen, die im Bild-Symbol des 'Fleisches', der 'Rotheit' oder des Phallus viel eher einheitlich repräsentiert sind. Da aber der Körper so wie ich ihn hier verstehe, *signifikante Anatomie* ist, können die *signifikanten* Einheiten, die in ARE VID EOR alle zusammengefasst sind, am besten an die Struktur als solche herankommen, also sowohl an die aggressive wie die libidinöse, wenn man ein derartiges *Formel-Wort* beständig, gedanklich übt. Dies wird vor allem deutlich werden, wenn ich sogleich die praktische Anwendung beschreibe, die ich – wie erwähnt – in seiner therapeutischen Form auch *Analytische Psychokatharsis* nenne.[209]

Noch dazu ist es im *Formel-Wort* als Nebeneffekt gelungen, die Ausgangsformeln des *Strahlt* (videor) und *Spricht* (orare) als Einzelelemente mit in die Formulierung hinein zu nehmen. Das wäre zwar nicht unbedingt nötig, macht das Ganze aber noch gefälliger. Schließlich sollen, wie ich noch im praktischen Teil zeigen werden, die Drei des *Strahlt-Formel-Wort-Spricht* mit der Drei bzw. Mehrheit der Vorstellungen,

---

[208] Lacan, J., Ecrits, ed. Seuil (1966) S. 104. Mit diesem Bild erfasst sich das Kleinkind unbewusst. Bewegungen sind unkoordiniert, Empfindungen sprunghaft.

[209] Mit dem Begriff *konjekturales Denken* ist zwar die Methode theoretisch beschrieben und selbstverständlich auch dieser Wechsel von 'gerichtetem' Denken und Nicht-Denken gemeint. Praktisch psychologisch heißt das 'gerichtete' Denken dann *Analytisch* und der Effekt des Nicht-Denkens *Psychokathartisch*. Das griechische Wort καθαιρο bedeutet reinigen, herunterwaschen. Katharsis ist ein bis ins Körperliche hinein spürbares Durchrieseln, Befreien, reinigendes Erneuern.

Bedeutungen im *Formel-Wort* selbst sich durchschlingen. So wird jede vorbeeinflusste Einheit vermieden, wie sie evtl. noch in dem Wörtchen *Drei* auftauchen könnte! Das Subjekt kommt hier voll zum Zuge! Der Mensch, neandertalerisiert, kann wirklich wieder Mensch werden, wohin einen die faszinierende und interessant schöne Paläontologie nie allein hätte hinführen können. Und dass die somit gewonnene *Analytische Psychokatharsis* tatsächlich ans letzte Reale heranführt, mag noch eine weitere Erklärung stützen.

Das Reale, das Wirkliche ist nicht die Realität, die Wirklichkeit. Letztere ist mehr etwas rein Äußerliches. Freud nannte das Reale noch die 'psychische Realität', was oft missverständlich war, weil man es mit bewussten psychischen Aspekten, etwa starken Gefühlen verwechselt hat. Das Reale, das dem Symbolischen (*Spricht*) und dem Imaginären (*Strahlt*) gegenübersteht, wurde schon durch den Schräg-, Bruchstrich zwischen beiden formal repräsentiert. Die *Analytische Psychokatharsis* vermittelt jedoch auch eine direkte Erfahrung davon. Und zwar nicht nur deswegen, weil das *Strahlt* und *Spricht* primärprozesshaft die Grundtriebe, Grundprinzipien selbst sind, sondern auch deswegen, weil die *Formel-Worte* wie ein Zufallsgenerator wirken. Denn: 'Das Reale antwortet auf den Zufall,' aber als Antwort kann er bewältigt werden.

Im Üben der *Analytischen Psychokatharsis* kommt der Zufall (der ja auch immer das ist, was einem zufällt oder kontingent ist) nämlich aus dem Zusammenspiel der vielen Komponenten selbst heraus. Erstens durch das Reale des *Strahlt / Spricht* und dann durch den Zufallsgenerator, den die *Formel-Worte* darstellen. Denn diese sind ja aus so vielen disparaten Bedeutungen, Bildern und Buchstaben gemacht, dass nur ein großer Zufall daraus eine kohärente Geschichte, eine logische Formation, ein schlüssiges Werk machen könnte. Eben, das kann nur das Unbewusste, und damit schließt sich der Kreis. Weil das Reale durch das Üben mit

dem *Strahlt >Formel-Worten< Spricht* im Sinne eines Zu-
falls geradezu herausgefordert wird oder anders gesagt: weil
das Üben als Zufallsgenerator wirkt, auf den das Reale antworten muss, kommen tatsächlich oft Worte oder kleine Sätze zustande, *Pass-Worte*, d. h. es wird eben nicht mehr ständig 'gerichtet' gedacht, sondern die Identität des Übenden
enthüllt sich passend von selbst in Momenten des Nichtdenkens.

Viele Psychoanalytiker sehen als das Ziel der Analyse die
'Objektkonstanz' an, d. h. die Fähigkeit, im konstanten Ein-
Klang mit den psychischen Objekten zu sein, aber was heißt
das? Zu einzelnen Objekten mag man eine gewisse Bezie-
hungskonstanz herstellen,[210] aber wenn diese zu fixiert ist,
gilt dies wieder als krankhaft. Doch auch zum 'idealen Objekt' haben die Psychoanalytiker ja keinen Zugang, obwohl
dieses gerade deswegen ideal ist, weil man mit ihm jederzeit
Konstanz haben könnte, doch ideal ist nur eine phantasma-
tisch geleitete Beziehung. Kann man nicht sagen, dass es
wichtig ist, einerseits im Ein-Klang mit dem *Spricht* zu sein,
d. h. jenen 'Klang', der quasi hörbar ist, weil er die inneren
mit den äußeren Lauten vereint und auf ein 'Sprechen' hin
anstimmt, das wir, wie in der Psychoanalyse das 'volle
'Sprechen'' nennen können, denn es ist ein 'Sprechen', das

---

[210] Man spricht dann eigentlich besser von Teilobjektbeziehun-
gen, eine Anknüpfung an den von Abraham geprägten Begriff
der Teil- oder Partialobjekte. Letztlich bedeutet dies, dass man
zu einem anderen Subjekt, das als Objekt gedacht wird, eine
Beziehung analog derer, die man zu Gebrauchs-Objekten, zu
Gebrauchsgegenständen hat, unterhält. Freud argumentierte
hier gleichermaßen auf der sexuellen Schiene bezüglich des Se-
xualobjekts, d. h. der Frau, zu der es also gelingen sollte, Objektkonstanz herzustellen.

nichts zurückhält.[211] Und andererseits könnte mach doch auch 'Blick-Konstanz' erreichen! Denn inständige Blick-Konstanz kann es geben, eine Konstanz der Blickbeziehung hindurch durch alle Signifikationen, indem das *Formel-Wort* den Blick des 'a re videor' mit dem des 'vide orare' verkuppelt. Ja der Blick einfach in das reine Bildhafte einer neungliedrigen *Zeichen*-Reihe kann konstant werden, weil darin letztlich doch auch etwas Worthaftes zu lesen ist! 'Das Wort ist kein Zeichen, sondern ein Bedeutungsknoten', ein Anderer des Wortes, der in Kombination zum Anderen der Sterne endgültige Objektkonstanz erreichen kann.

Dieser Blick kann unmöglich als Blick im Sinne des photographischen Klicks, der neurologischen 0,2 sec-Aufmerksamkeitseinheit zu behalten sein.[212] Er muss vom Auge gelöst sein, wodurch der Blick etwas Primäres an sich hat und konstant werden kann, weil nicht mehr viele Bilder gesehen werden, viele Himmel, sondern nur noch einer. Die 'Blick-Konstanz' ist das 'Schauen' in einen Himmel, in dem auch zu Sehen ist, was zu Sagen wäre. Es ist der Blick des Analytikers, der sich hinter der Couch verbirgt und gerade deswegen so begehrenswert ist. Diesen Blick kann der Analytiker aus den Träumen oder Assoziationen des Patienten herausfiltern, wenn z. B. ein Gegenstand im Traum genau die Farbe des Autos des Analytikers hat oder die Form seines Hauses.

---

[211] In seinem Vortrag in Wien am 7.11.1955 ließ Lacan das Pult sprechen, an dem er stand, weil eben 'auch dieses dem Signifikanten unterworfen ist', d. h., dass das volle Sprechen sich wie das Pult in uns verhält, von dem aus wir alle unsere Ansprüche artikulieren, kurz, im Brustton, im Originalton sprechend. Lacan, J., La chose freudienne, Lacan-Archiv Bregenz (1994) S. 15

[212] Leibovic, N. K., The Science of Vision, Springer (1990) S. 153-171 wo der Autor schreibt, dass es für einen 'guten Blick', mit dem wir z. B. eine Photographie erfassen ca. zehn 200msec-Aufmerksamkeitseinheiten nötig sind.

Oder wenn eine Geste, ein Teil seiner Kleidung oder sonst etwas assoziiert wird, was vom Analytiker stammt. Denn begehrt wird sein 'inständiger', sein libidinöser Blick, dem der Patient eine heilvolle Konstanz unterstellt. Aber klingt dies nicht nach einer umständlichen Methode, die an ein paar Äußerlichkeiten des Analytikers festmacht und nicht hinter die grandiose Topologie der Sterne führt?

Warum kann die *Analytische Psychokatharsis* wie eine Analyse funktionieren, ohne dass ein Analytiker real gegenwärtig ist? Wie ich schon früher ausgedrückt habe, ist der Analytiker dann am gegenwärtigsten, wenn er in seinem Übertragungsaspekt gegenwärtig ist, als Übertragungs-Objekt, wenn er im Zenith der Übertragung steht. Das ist nicht sein realer Körper, was da im Zenith der Übertragung steht, auch nicht nur sein so wichtiges zuhörendes Ohr und – wie gerade erklärt – auch nicht sein alles erspähendes Auge. Sondern es ist genau jene Kombinatorik aus *Strahlt* (der unsichtbare, aber darum umso mehr begehrte Blick) und *Spricht* (Assoziation und Deutung). So kann man sagen, dass der Psychoanalytiker ein zuhörender und sprechender 'Niemand' sein soll (also ein Anderer des Wortes) und 'leerer Spiegel' (also ein Anderes der Sterne, in dessen Schein man nur sich selbst sehen muss).

Es ist schon Frage genug, was denn überhaupt ein Psychoanalytiker wirklich ist, was sein unbewusstes Begehren ist. Umgekehrt aber ist das *Formel-Wort* jedenfalls ein Analytiker-Konzentrat, ein strukturell aufs Minimum reduzierter, ein optimierter Analytiker. Ein Analytiker, dessen störende physische Präsenz wegapostrophiert ist, so dass nur noch der trianguläre Körper von *Strahlt*, *Spricht* und dem *Formel-Wort* übrigbleibt. Ich könnte auch vereinfacht sagen: ein strukturell nackter Analytiker, ein Analytiker in seiner nur-realen, direkten Präsenz, die nur solange Übertragungspräsenz ist, bis das Ende erreicht ist. Damit habe ich also das herkömmliche analytische Verfahren fast umgedreht: Der

Analysand und nicht der Analytiker bedient sich der 'schwebenden Aufmerksamkeit', indem er Blick-Konstanz erreicht, d. h. eine sonst nie zu erreichende Introspektion. Gleichzeitig ist er angeleitet, diese Introspektion in die zweite, konzentrative Übung hinein zu halten, bis sich ein letztes Ergebnis darstellt. Das Ergebnis der 'freien Assoziationen', das in den *Pass-Worten* steckt.

Ich kann dieses Ergebnis durch ein weiteres, ganz humorvolles Beispiel erläutern: jemand, der dem Verfahren der *Analytischen Psychokatharsis* sehr kritisch gegenüberstand, es aber dennoch schon einige Zeit übte, hatte plötzlich den wie von ferne her kommenden Gedanken oder die Eingebung oder vermeinte gar es fast gehört zu haben: 'Nichts gesagt!' Doch im selben Moment realisierte er natürlich, dass gerade sehr wohl etwas gesagt wurde, nämlich die zwei Worte 'Nichts gesagt!' Irgendwie überzeugte ihn das, dass die *analytisch psychokathartische* Methode doch funktioniert, wenn er auch nicht gleich verstand, wie das Unbewusste konstruiert ist: nämlich durch Gegenbesetzungen, durch ein 'Andersherum' zum Bewussten. Denn bewusst war er ja der Meinung gewesen, dass dieses therapeutische Verfahren eigentlich 'nichts sagt', es ist Humbug, Nonsens. Das Unbewusste aber schob ihm im selben Moment eine kleine Offenbarung, eine echte Deutung zu: nämlich dass er einen Widerstand hatte, dass das Unbewusste tatsächlich etwas 'Wahres' sagt, weil es wie ein Wort des Anderen ist, des Anderen in und außerhalb von ihm selbst (denn obwohl ihm schon klar war, dass es etwas von ihm, in seinem Inneren war, hatte er doch auch das Gefühl, als habe es ihm, ein Deuter, ein Lehrer eingegeben. Genau deswegen ist es ein *Pass-Wort*.

So erfahren (gehört) ist es nämlich etwas ganz anderes, als wenn der Übende bei sich selbst nach einiger Zeit kritischen Zweifelns und rein 'gerichteten' Denkens den bewussten Einfall gehabt hätte: ach, vielleicht ist ja doch etwas an diesem Verfahren dran. Er wäre durch diese äußere Logik nur sehr schwach überzeugt gewesen. Aber als dies wie von tief heraus, wie fremd aus dem eigenen Inneren, ja genau wie die 'Stimme des Objekts' um das es hier geht, ihm zukommt, ist die Überzeugung eine andere. Plötzlich war aus dem 'universalen Gemurmel' heraus (den Lauten, Klängen, Raunen des *Formel-Wortes*) exakt jene *Andersheit*, wie hörbar herausgetreten. Der / das Andere selbst (innen und außen) hat gesprochen. Es war Entdeckung, Befreiung und Genuss. Dabei hat diese Erfahrung des 'Nichts gesagt' und der Erhellung der dahinter steckenden Bedeutung nichts mit Mystik zu tun. Es ist das Unbewusste, das *Spricht* (und auch in einem gewissen Maße *Strahlt*, denn das 'Nichts gesagt' ist eine so kurze, fast bildhafte Formel, ein Blitz, der eben auch am kathartischen Gefühl beteiligt war).

Der Übende kommt selbst direkt dahin, wie ein Möbiusband zu sein, das solange Hilfskonstruktion ist, bis man diese Topologie durchschritten hat und so etwas wie dieses 'Nichts gesagt' auftaucht. Die 'freien Assoziationen', die also nur formal gegeben sind, und die während des Übens in Form von Bildern, Gedanken, Erinnerungen etc. auftauchen, müssen also nicht mehr einem Analytiker mitgeteilt werden. Sie werden im Weiterüben immer wieder zurückgelassen, bis sie in die Deutung miteingehen, die nicht nur aus der Schnittstelle im Unbewussten auftaucht, sondern ja auch in den *Formel-Worten* zum Teil mit vorgegeben ist. Denn die drei oder mehr Vorstellungen, Be-Deutungen im *Formel-Wort* (es werden zudem mehr als nur eines benutzt) sind ja so disparat, so vielschichtig, dass sie nicht nur einen isolierten Lebensbereich überspannen. Sie sind sogar so vielschichtig, dass der oben genannte Übende gemeint hat: alles Unsinn, Nonsens. Insofern keine einzelne Bedeutung zu präferieren ist, und eine vierte oder x-te letztliche Lösung aus dem Komplex der Übungen herausgefunden werden muss, bleibt man solange einem Assoziations-Aufmerksamkeits-Bedeutungs-Karusell unterworfen, das tatsächlich auch unsinnig sein kann, bis die letzte Interpretation gefunden ist, die allen Aspekten in Form des *Pass-Wortes* gerecht wird.

Ein weiteres Beispiel: jemand, der depressiv war und erst vor kurzem mit den Übungen der *Analytischen Psychokatharsis* begonnen hatte, machte im Moment tiefer Entspannung die Erfahrung, dass er deutlich den Gedanken 'Du-bist-ja-schon-in-England' vernahm. Sogleich erinnerte er sich, dass er vor zwei Tagen daran gedacht hatte, endlich richtig Englisch lernen zu müssen, da er unglücklich in seinem Beruf war und nur mit Sprachkenntnissen weiterkäme, sich dazu aber nicht im Stande sah. Doch jetzt fasste er Mut. Schon bei einer früheren depressiven Episode hatte er einmal ein erhebendes Erlebnis gehabt. Als er – mit seinem LKW beruflich unterwegs – über eine hohe Straßenkuppe fuhr, tat sich vor ihm plötzlich eine weite Landschaft auf, die im selben Moment durch einen herausbrechenden Sonnenstrahl in ein besonders glänzendes Licht getaucht wurde. Auch damals hatte er gedacht: 'Aber das gilt ja dir!' Er kam selbst zu der Deutung, dass Englisch zu lernen keine so schwere Last ist, die positive Zukunft ist ja schon da, du bist schon im Land deiner Erwartungen. Jetzt ging er das Englischlernen wirklich an und relativ rasch verloren sich auch die Depressionen.[213]

Im Sinne dieses Beispiels könnte man sagen, dass hier Regressives (du 'bist-ja-schon-da', mit dem die Mutter-Imago,

---

[213] In einem weiteren Gespräch konnten wir noch klären, dass dieses frühere Erlebnis und auch die reine kathartische Erfahrung etwas mit dem 'mütterlichen Primärobjekt' zu tun haben, also verschüttete (verdrängte, abgespaltene) frühe libidinöse Erfahrungen sind (ein *Strahlt*) und es deshalb wichtig ist, sie mit dem analytischen *Spricht* zu verbinden. Denn natürlich hatte seine ekstatische Landschaftserfahrung wie auch die jetzt durch das Üben gewonnene *Katharsis* etwas Submanisches an sich. Das musste dann doch noch weiter geklärt werden.

nämlich wieder in Mutters Schoß zu sein, gemeint sein könnte) spontan und direkt ins Progressive (‚in England', was dem väterlichen Anspruch nach Leistung entspricht) führt. Das Andere der Sterne steht mehr für das Regressive, der Andere des Wortes mehr fürs Progressive. Beides ist notwendig. Während aber in der herkömmlichen Psychoanalyse lange an der Fixierung der Mutter-Imago hätte gearbeitet werden müssen, bis man in Deutungen zum Progressiven kommt, ist eben dieser spontane und direkte Übergang in der *Analytischen Psychokatharsis* programmatisch der Fall. Das heißt nicht, dass in ihr die ganze Angelegenheit leichter zu bewältigen wäre. Auch die meditativen Übungen brauchen Zeit.

Dennoch glaube ich sagen zu können, dass die körperliche Anwesenheit des Analytikers ähnlich wie eine Fixierung an die Mutter-Imago mehr störend als nützlich ist. Auch die physische Präsenz des Analytikers vermittelt – wie bereits erwähnt – eine vergleichbare Hemmung. Man würde die Analyse nur vorantreiben, wenn man die Stimme und die Gesten des Analytikers, seine physische Erscheinung beim Begrüßen und Weggehen etc., also die Fixierung auf übermäßig Äußerliches auch noch ausschalten könnte. Im obigen Beispiel gelingt jedoch dem Patienten der Sprung vom Regressiven ins Progressive unmittelbar, also ohne Fixierung. Für was braucht es in der Therapie zwei Körper, die den gleichen Aufbau haben, der des Patienten würde doch genügen. Es ist viel wichtiger, dass der Analytiker als das, was er ist, als prinzipielles, privilegiertes Objekt der Übertragung vorhanden ist, als Angelpunkt von Bild-Trieb / Wort-Trieb, als Kombination des Anderen des Wortes und der Sterne. Ja, dass er nur in dieser formalisierten, in dieser zugespitztesten Art existiert, und dass die Deutung in den Objekten selbst schon so weit vorgezeichnet ist wie es in einem Feld menschlicher Erfahrung der Fall ist, die durch drei oder mehr Bezeichnungen (a re videor, ora re video, vi deo rare ect.)

vorgerahmt ist. Deutung und Auflösung der Übertragung fallen dann zusammen, denn sie werden vom Subjekt selbst besorgt in all den Erfahrungen, die während des Übens auftreten. Ein Rest an analytischer Interpretation kann nachgeholt werden.

Gewiss will ich nicht behaupten, dass das Training der *Analytischen Psychokatharsis* eine Analyse immer voll ersetzen kann, aber es kann sie vertiefen, erweitern und es kann für die meisten Probleme auch allein eingesetzt werden, z. B. insbesondere bei psychosomatischen Störungen. Auch wird das Training nicht nur mit einem einzigen *Formel-Wort* auskommen, sondern man wird mehrere, evtl. bis zu fünf (eine Zahl, auf die ich gerade wegen des Inhalts des Unbewussten hingewiesen habe) hintereinander wiederholend verwenden, weil ein derartiges Vorgehen das Üben vertieft und dadurch der Reichhaltigkeit des analytischen Vorgehens und der Formalisierung im mathematischen Sinn besser gerecht wird.

Bei der Frage der Formalisierung ist auch Lacan, auf den ich mich hier vielfach berufen habe, insofern stehen geblieben, indem er in seinen letzten Jahren vorwiegend mit den Dreifach-Verknotungen von Fadenringen, insbesondere dem Borromäischen Knoten (drei Ringe sind so ineinander verschlungen, dass die Ablösung von einem alle drei löst) beschäftigt war.[214] Warum hat er nicht im Bereich der Sprache selbst, die doch seine Domäne war, im Bereich der Signifikant / Signifikatswirkungen nach einer den Kraftlinien entsprechenden Formalisierung gesucht? Sein Werk ist durchzogen von Wortspielen, die ganz eindeutig auf bildworthafte Durchdringungen hinweisen, die denen des Unbewussten korrelieren. Trotzdem hat er am Schluss bei der Mathematik und der Geometrie mit ihren bildhaften Elementen (hier fehlen aber wieder stark worthafte Elemente) Zuflucht

---

[214] Roudinesco, E., Jaques Lacan, Kiepenheuer und Witsch (1996) S. 528-566

gesucht. Vielleicht hat die französische Sprache, die sehr zu homophonen Kombinatoriken reizt, das Auffinden derartiger *Formel-Worte* verhindert, wie man sie in der deutschen und vor allem auch der lateinischen Sprache leicht wiederentdecken kann.

4. 3 Praktische Anleitung

Das Verfahren der *Analytischen Psychokatharsis* ist von seiner praktischen Seite her wie schon zum Teil beschrieben sehr einfach. Trotzdem noch eine kurze Zusammenfassung und eine Vorstellung weiterer *Formel-Worte,* denn für ein effektives Üben ist die Verwendung von drei bis zu fünf *Formel-Worten* sinnvoll. Man setzt sich also in bequemer Haltung hin und wiederholt rein gedanklich und langsam hintereinander ein, zwei oder bis zu fünf *Formel-Worte,*[215] während man gleichzeitig – anfänglich bei geschlossenen Augen – darauf achtet, ob innerlich etwas auftaucht, das den Charakter eines Es *Strahlt* hat. Es kann sich dabei um eine Erhellung, Körperbildwahrnehmung, ein Schimmern, einen ,Lichtpunkt' oder eine grundlegende Luzidität handeln, dem eben ganz allgemein solch ein Phänomen zukommt. Das *Strahlt* ist also nicht etwas, das man selbst imaginieren, erzeugen oder gar erzwingen muss. Es ist in jedem Menschen als Primärform eines Kräftegeschehens vorhanden und muss so nur geweckt oder erwartet werden. Genauso kann aber auch ein ,Durchrieseln' zu spüren sein[216] oder die Empfin-

---

[215] Weitere *Formel-Worte* sind in anderen Veröffentlichungen oder auch auf der hinten angegebenen Webseite zu finden. Vorerst genügen die hier erwähnten. Mehr als fünf sollte man nicht benötigen.

[216] Damit ist eine Erfahrung gemeint, die etwas mit atavistischen Gefühlsreaktionen zu tun hat. Die Frühmenschen haben noch viel mit ihrer unbedeckten Haut gefühlt, ertastet und umweltbezogen kommuniziert. Auch bei bewegenden Musikstücken, wenn es einen in einem den Rücken herunterrieselnden Schauer erfasst, greifen wir auf diese eben besonders tief gehenden Emotionen zurück. In der Analytischen Psychokatharsis wird diese Erfahrung jedoch als Bestätigung einer Erkenntnis genutzt z. B. bei den *Pass-Worten.*

dung auftauchen, wie sich das eigene Körperbild verschiebt, sich weitet oder es einfach nur als schwarze Farbe, als Fleck vor den geschlossenen Augen festzustellen ist. Denn schwarz ist schon eine Wahrnehmung, die sich von der Dunkelheit im Kopf ganz gering abheben kann. Egal was auch immer ‚gesehen‘ oder erfahren wird, es wird den Charakter von einem auch nur ganz geringem ‚Es *Strahlt*‘ haben, und das genügt.

Wenn man sich also hinsetzt und langsam z. B. das *Formel-Wort* ARE VID EOR rein in Gedanken wiederholt, wird man ein *Strahlt* wahrnehmen, eine gewisse 'Erhellung', die nichts anderes ist als der Primärvorgang des Schautriebs.[217] Man gleitet – in dieser ersten von insgesamt zwei Übungen – regressiv sozusagen am Trieb, am Schautrieb rückwärts entlang zum *Strahlt*, indem man das *Formel-Wort* wiederholt und auch dadurch einen regressiven Vorgang einleitet. Natürlich können dabei alle möglichen Gefühle auftreten oder Gedanken und Bilder wach werden, aber all diese Sensationen sollen vorerst auf die Seite geschoben werden (schon gar, wenn man sich bei einer der drei oder mehrfachen Bedeutungen im *Formel-Wort* gedanklich aufhält), bis das Ziel der Übung erreicht ist: eine Katharsis, eine erhebende, befreiende Empfindung oder das ‚Durchrieseln‘ des Körperbildes.[218]

Es mag etwas mit dem Körperbild zu tun haben, mit 'Erhellung', einem Gefühl, einem passiven Visieren, einem 2. Blick, einem Raum im Raum: egal, der Charakter von irgend etwas *Strahlt*-artigem oder schon beginnend Kathartischem wird sich immer irgendwie einstellen. Man versucht also das

---

[217] Der Analytiker M. Balint sprach sogar vom 'Flash-Erlebnis' in der Analyse, womit offensichtlich das gleiche bezeichnet ist.
[218] Es gibt vom Körper immer ein Empfindungsbild, das im normalen Wachzustand kaum registriert wird. Erst im Sich-Zurücknehmen bemerkt man das Taubwerden der Glieder und das Auftauchen innerer Wahrnehmungen.

Denken nur mit dem rein Strukturellen des *Formel-Wortes* zu beschäftigen, bis der Moment kommt, wo eine Art 'innere' Wahrnehmung auftaucht, nämlich das Gewahrwerden eines auch wie immer gearteten *Strahlt*, selbst wenn es nur in Form einer von der Dunkelheit hinter den Augen abgrenzbare Dunkelheit ist, ein verdoppelter Schatten, eine Luzidität. Zudem – weil es sich damit noch leichter einstellt – wiederholt man langsam, wie monoton, das oder die *Formel-Worte* (am Ende wieder von vorne anfangend).

In der psychoanalytischen Methode ist die Katharsis nur noch minimal und nicht so körpernahe vorhanden, wenn der Patient zur Entspannung auf der Couch liegt und es ihm gelingt sich in einen 'reinigenden' Redefluss fallen zu lassen. Für körperbezogene psychische Störungen (Somatisierungen) hilft dies jedoch nicht. Diese Katharsis ist natürlich viel ausgeprägter, wenn das 'Nicht-Denken' im Verfahren der *Analytischen Psychokatharsis* zum Zug kommt: das *Strahlt* ist ja wie das Körperbild etwas Elementares. Es lässt sich 'spüren' (propriozeptiv, wie Fachleute es nennen), aber eben auch einfach wie elementar, topologisch wahrnehmen. Nochmals: Man sitzt – anfangs vielleicht am besten mit geschlossenen Augen – in bequemer Haltung und tut nicht anderes als darauf zu warten, ob sich etwas einstellt, das den Charakter eines *Strahlt* hat (ganz egal, wie dies für den einzelnen beschaffen ist, während die Formel-Worte rein gedanklich wiederholt werden.

Rechts nebenan ist nochmals ein weiteres *Formel-Wort* dargestellt. Auch bei diesem (RA-DIC-IT) handelt es sich nicht um ein normales Wort aus dem Lateinischen, aber es beinhaltet mehrere sich überschneidende Bedeutungen in einer Formulierung, es ist wie das ARE VID 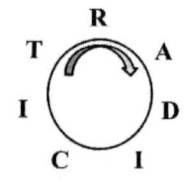 EOR ‚linguistisch kristallin‘ aufgebaut. Außer dem radiat und dicit (Strahlt und Spricht) ergeben sich im Kreis ge-

schrieben und von verschiedenen Buchstaben aus gelesen
mehrere disparate Bedeutungen. So kann man hier z. B. auch
„adi cit r" (geh heran, es bewegt R) „C i tradi" (hundert I
übergeben), „citra di" (diesseits die Götter), „dicit ra" (es
sagt ra), „r adic it" (füge r hinzu, es geht), „radi cit" (gekratzt
werden, es bewegt sich), „trad ici" (erzähle, ich habe getroffen) etc. herauslesen, wobei vieles recht unsinnig klingt. Dies
hat jedoch für den formalen Ausdruck keinerlei Bedeutung.
Ausschlaggebend ist nur, die wissenschaftliche Begründung
(mehrere Bedeutungen in einer Formulierung, Verwendung
verschiedener Schnittstellen in einem einzigen Schriftzug)
klar darlegen zu können, und dies ist für das Verfahren sehr
wichtig, weil man nur so volles Vertrauen in die Methode
haben kann.

Dies ist die erste Übung, die auf tatsächlichen Vorgaben der
Psychoanalyse beruht, weil durch das mentale Reverberieren
eine Regression (ein innerlicher Rückzug) erzeugt wird, die
sich gleichzeitig nur auf einen eingeengten Aspekt des Wahr-
nehmungs- bzw. Schautriebs konzentriert (das *Strahlt*) Zudem
setzt sich die *Formel-Wort*-Wiederholung an die Stelle dessen,
was man in der Psychoanalyse den Wiederholungszwang, das
unbewusste Wiederholen nennt. Dieses wird zumindest solange aufgehoben, wie die Übungen der *Analytischen Psychokatharsis* wirken. Ich habe schon im Haupttext angedeutet, dass
dadurch eine wesentliche Hürde der klassischen Psychoanalyse vereinfacht und vermindert wird. Wichtig ist, dass es zu einer Katharsis kommt, zu einer Befreiungserfahrung und nicht
nur zu einer simplen Entspannung.

Auch was andere Therapieformen und deren Probleme angeht,
kann in der *Analytischen Psychokatharsis* meist vereinfacht
umgangen werden. Es genügt nämlich nicht mehr, einfach einem Therapeuten oder Meditationslehrer zu glauben und seinen einfachen Anweisungen zu folgen. Man muss heutzutage
auch verstanden haben, dass das Verfahren wissenschaftliche
Grundlagen hat und man mitdenken kann und soll, damit nicht

in tieferen Momenten der Übungen Abhängigkeiten von der Ideologie der Methode, vom Lehrer bzw. Therapeuten oder irrationale Ängste auftreten. Das *Strahlt* (das Kristalline, Spiegelnde) der kathartischen Erfahrung ist also aus der Grundkraft des Wahrnehmungstriebs abgeleitet. Es ist somit etwas, das in jedem Menschen originär vorhanden ist, genauso wie das *Spricht* (das Linguistische, Verlautende).[219]

Nach dem R-A-D-I-C-I-T kann nun auch das *Formel-Wort* E-N-S-C-I-S-N-O-M (Abb. links) hinzugenommen werden, denn sollte jemand wirklich Interesse haben, die analytisch-psychokathartische Methode zu erlernen, sind wenigstens drei dieser Formulierungen notwendig. Zwei oder gar nur eines würden einen zu schnell ermüden. In dem in der obigen Abbildung mit eingezeichneten Schnittstellen geschriebenen *Formel-Wort* überlappen sich (im Uhrzeigersinn gelesen) folgende Bedeutungen: Geht man einmal vom M oben links aus, so heißt „mens cis no", der Gedanke diesseits, innerhalb von No, vom N ausgehend: „nomen scis", du kennst den Namen, „omen scis N", du kennst das Omen N, „cis no, mens", diesseits schwimme ich, oh Geist, „ens scis nom", das Ding diesseits von Nom, „c is nomen S", hundert dieser Name S, usw. Nochmals: So unsinnig einzelne der

---

[219] In der Psychoanalyse gehen wir davon aus, dass in der Menschentwicklung die symbolische Ordnung bzw. die Sprache eine entscheidende Funktion einnimmt, die die Wahrnehmung in eine reine Sinnestätigkeit und eine Triebtätigkeit teilt. Die Sinnestätigkeit ist eine Wirklichnehmung, die Triebtätigkeit eine Wahrnehmungslust, zusammengefasst sprechen wir von Wahr-Nehmung. Das Wahre kommt durch die Sprache herein, die Nehmung durch die Wirklichkeit.

Bedeutungen auch sind, sie sind doch grammatikalisch und syntaktisch normal und sogar auch semantisch in Ordnung.

Der Sinn dieser Formulierung besteht ja gerade darin, dass sie keinen vordergründigen Sinn schon parat hat, sondern nur das Unbewusste anregt, ja provoziert einen solchen heraus zu geben. Das *Formel-Wort* ist Sprache am Rande des Sprachlichen. Bei ihm ist exakt genauso wie im Unbewussten das Wort zerteilt, „wobei jeder Teil, sobald er aufgeschlüsselt wird, eine neue Bedeutung annimmt."[220] Die Bedeutungen im ENS – CIS – NOM stellen also perfekt diese linguistische Struktur dar, die Lüge, Versprecher und Zerredung ausschließen und doch Sprache sind. Sprache am Rande von Sprache, aber eben dadurch gerade kompakt, konkret, vereinfacht bis zur Unkenntlichkeit hin. Denn der Sinn des Ganzen kann nur darin bestehen, das unbewusste Andere der Sterne wie auch den unbewussten Anderen des Wortes aufzuwecken, zu animieren, von sich selbst den Film, die Rede herauszugeben, das die Identität des Betreffenden ist.

Wie betont, kann man diese Bedeutungen gleich wieder vergessen. Sie sind zu disparat, also auf keinen Nenner zu bringen. Denn übt man sie in dem einheitlichen Schriftzug, wird man niemals ‚Gedanken diesseits‘ mit dem ‚Namen‘, mit dem ‚Omen‘ und mit dem ‚Ding diesseits von Nom‘ etc. in einem Sinngehalt zusammenbringen. Wichtig ist nur zu verstehen, wie die *Formel-Worte* aufgebaut sind, so dass man wissenschaftlich-intellektuell das Verfahren jeder Zeit hinterfragen kann. Kommen irgendwelche Gefühle oder Ideen hoch, die unpassend sind oder Angst machen, kann man über die Linguistik des Unbewussten nachdenken oder sich weiter über das Verfahren belesen. Blinder Glaube ist nicht gefragt.

---

[220] Lacan, J., Struktur. Andersheit. Subjektkonstitution, August Verlag (2015) S. 14.

Das gleiche Vorgehen wie bei der ersten Übung gilt nun auch für die zweite Übung, die des *Spricht*, des ‚Tons', des ‚Lautes'. Nachdem man einige Zeit die erste Übung durchgeführt hat, besteht die zweite nunmehr darin, regressiv am *Spricht*, am 'Lauten', am Primärvorgang des Sprechtriebs entlang zu den *Pass-Worten* zu gleiten! Konkret heißt das, in sich hineinhören, nach innen konzentrieren, bis die Redundanz all unserer Signifikanten irgendwo 'laut' wird (ich könnte den Philosophen Heidegger hier wieder erwähnen mit seinem Begriff vom 'Geläut der Stille', also dem Lautwerden des verbalen und imaginären Signifikanten, denn Geläut und Stille sind auch Bilder). Man konzentriert sich also auf das, was ich auch die 'Stimme des *Objekt*s' genannt habe, jenes 'Verlautens', bei dem man – wenn das Wortspiel gestattet ist – das Gefühl eines psychischen Lotes, eines in sich Gelotet-Seins hat, denn was sollte das Objekt sonst sein, wenn nicht ein Halt, ein Lot in uns selbst, das jedoch, wenn Es *Spricht,* nichts anderes ist als ein reiner verbaler Signifikant, ein akustisches 'Ding', der Andere des Wortes. Das heißt auch dass man das genormte Zeitgefühl verlieren und mehr und mehr an einen Punkt kommt, an dem die restlichen Gedanken, die immer noch irgendwo sich melden, transparenter werden, derart transparent im wortwörtlichen Sinne, wie es die *Pass-Worte* sind.

Denn diese kann man nicht machen, nicht willentlich hervorbringen, sie müssen aus einem kommen, wenn der Vorgang, das Erscheinen des Spiegel / Symbols reif ist. Auf dieses *Spricht*, dieses Körper-Echo, also auf einen von oben / rechts im Kopf her kommendes Verlauten, auf einen Ton, Laut, aus dem tiefen Inneren wird in der zweiten Übung geachtet. Es sind schließlich Buchstaben, die aus diesem ‚typographischen' Raum herausklingen und die das Unbewusste dort gespeichert hält. Und genau in diesen Raum sind die *Formel-Worte* eingedrungen und haben die Buchstaben in ihrer B(r)uchstabenhaftigkeit geweckt und evoziert. Auch hier wieder gilt das

Gleiche: es handelt sich um einen ganz originären Aspekt des Entäußerungs- bzw. Sprechtriebes, den Anderen des Wortes, der in jedem Menschen als Primärprozess vorhanden ist und im Unbewussten sogar die Form ganz knapper, kompakter „innerer Sätze", „ultrareduzierter Phrasen" der *Pass-Worte* annimmt (alles Begriffe Lacans für diese lautliche Erfahrung).

Auch hier kann anfänglich oft nur ein feines Rauschen, ein ferner Laut oder Ähnliches wahrgenommen werden, der Übende wird jedoch von Anfang an bemerken, dass es sich hier um eine Konzentration auf ein mehr oben-rechts oder oben-zentral im Kopf befindliches Hör-Sprechsystem handelt, zu dem die Echos des Körpers Beziehung haben, auf die hier zurückgegriffen wird. Auch wenn das eigentliche Hör-Sprechsystem im Kopf linksseitig angelegt ist, ist eben rechtsseitig das mehr rudimentäre, musikalische und der Regression besser zugängliche Hör-Sprechsystem des Unbewussten vorhanden, und seine Echostruktur deutlich zu sehen. Dazu passen dann eher die kurzen Phrasen der *Pass-Worte*, während bei den längeren das linksseitige System (psychoanalytisch: das Vorbewusste) eine Rolle spielen würde.[221]

Wenn man sich über Psychoanalyse etwas beliest und auch sonst Kontakt zu literarischer und wissenschaftlicher und sonstiger Kultur hält, und auch den vorliegenden Text gelesen hat, einen Versuch mit den Übungen gemacht hat, kurz: ein bisschen Bildungsbürger ist, wird man die oft sofort einsehbaren *Pass-Worte* richtig deuten. So schreibt Freud, dass man sogar manche Träume, die ja nun viel entstellter sind als die *Pass-Worte*, und die ja auch unmittelbar vom Symbolisch-Realen her kommen, direkt vom „Blatt weg ablesen"

---

[221] Es spielt freilich auch in geringem Maße mit, wenn die *Pass-Worte* zu deutlich den Charakter normaler, bewusster, rationaler Gedanken haben. Das Wesen der *Pass-Worte* besteht aber gerade in einer bestimmten Irrationalität des eigentlich Unbewussten.

könnte. Man braucht nicht mehr den Träumer nach Einfällen dazu zu befragen und umständliche Interpretationen anzubringen.

Ein Beispiel aus meiner eigenen Erfahrung: „Was bietet Sisyphos an"!? lautete einmal die aus dem Unbewussten auftauchende und von mir in der Meditation so halblaut gedachte oder soll man besser sagen: gehörte Phrase.[222] Mir war sofort klar, dass ich selbst gemeint war, und sich das *Pass-Wort* in mehrfacher Hinsicht auf meine Situation bezog. Einerseits hatte ich vor längerer Zeit A. Camus Buch ‚Der Mythos des Sisyphos' gelesen. Andererseits war ich selbst Sisyphos, weil ich Buch um Buch schrieb, Vorträge hielt und auch ein paar Seminare veranstaltet hatte, aber die Resonanz war mäßig. Viele analytische Psychotherapien hatte ich durchgeführt und dabei kaum jemanden gefunden, dem ich die *Analytische Psychokatharsis* empfehlen konnte. Denn die Menschen kommen in die Therapie, weil sie z. B. die entsprechende Empfehlung von der Krankenkasse haben und in der Weise des psychoanalytischen Vorgehens reden wollen. Ihnen dann zu sagen, bleibt zu Hause, macht meditative Übungen und wir besprechen dies dann von Zeit zu Zeit, wollte wohl niemand hören, und so habe ich es auch gar nicht versucht.

Auch in den Vorträgen, zu denen oft dreißig bis vierzig Personen kamen, fand sich nur gelegentlich jemand, der das Verfahren erlernen wollte, und die meisten derjenigen, die doch ein Buch von mir gelesen hatten, fanden es interessant, setzten aber die darin empfohlene Methode oft nicht um. Ich gebe zu, die erwähnten *Formel-Worte* klingen oft seltsam, sie regten häufig zu Entstellungen an, also zu Reaktionen, die man auch von Psychoanalysen her kennt und die man dort ‚Widerstand' nennt; ‚Widerstand' gegen die aus dem

---

[222] Bereits veröffentlicht in meinem Buch ‚Zweimal den Tod überlisten', BoD (2019)

Unbewussten aufzudeckende Wahrheit. Gegen das weiter oben abgebildete und im Kreis geschriebene *Formel-Wort* O.R.S.A. C.E.R.A.M beispielsweise, wandte sich ein Zuhörer mit der Bemerkung, er höre statt der eigentlichen Buchstabenfolge immer das Wort ‚Marmorsauce'. Richtig gemein also, war es doch sehr mühselig gewesen, Formulierungen zu finden, die wie dieses hier aus der lateinischen Sprache mehrere Bedeutungen ausdrücken, je nach dem Buchstaben, von dem man aus zu lesen beginnt. Die Methode wurde allgemein als interessant und intellektuell bestechend angesehen, provozierte aber vielleicht gerade dadurch die besagten Widerstände.

Nochmals jedoch ein praktisches Beispiel aus ganz anderer Quelle: Der Psychologe J. Jaynes schildert einmal, wie er sich nach langer, quälender Suche, was denn nun wirklich Erkenntnis sei, 'in einem Anfall geistiger Verzweiflung auf sein Sofa legte' und dann plötzlich eine laut vernehmliche Stimme 'rechts über sich' hörte: 'Mach den Erkennenden zum Bestandteil des Erkannten'.[223] Abgesehen davon, dass diese Erfahrung genau zu dem Ansatz von der 'Teilnehmerperspektive' und der zentralen Bedeutung des Subjekts im Entdeckungsvorgang passt, ist dies ein Erlebnis zwar kurios und klingt sehr nach der Art der *Pass-Worte*. Es wirkt aber offensichtlich schon vorbewusstes, fast rationales Denken mit, denn der Satz ist auch zu lang, ist keine kurze Phrase wie in der *Analytischen Psychokatrharsis* üblich. Jaynes selbst war über seinen Satz recht beunruhigt als er feststellen musste, dass es wohl sein eigenes – zwar durchaus *konjekturales* – aber doch in ungewöhnlicher Weise vorgetragenes Denken war, das hier 'gesprochen' hatte. Aber es war natür-

---

[223] Jaynes, J., Der Ursprung des Bewusstseins, Rowohlt (1993) S. 112, wobei der Autor durch diesen Satz auch treffend darstellt, um was es auch in meinem Buch hier geht: eine Praxis, die jeder selbst übend durchlaufen muss.

lich auch sein vollkommen zutreffendes Denken gewesen, das sich hier vernehmen ließ. Es nützt nichts, etwas nur objektiv zu erfassen, sondern das Subjekt muss voll in den Entdeckungsvorgang einbezogen sein, es muss sein Identitäts- oder *Pass-Wort* sein.

Ich habe mehrmals den Begriff des 'zerstückelten Körpers' erwähnt, dementsprechend das Kleinkind in Rahmen seiner Ich-Entwicklung eine Phase durchläuft, wo es sich wie zerstückelt erfährt. Es handelt sich um die Phase des zerstückelten Blickes des Vor-Frühmenschen, als dieser verwirrt, vielschichtig wahrnehmen musste oder konnte und so zum eigentlichen Menschen wurde und deswegen seine Sprachfähigkeit ausbaute. Zu dieser Zerstückelungsthese muss ich noch hinzusetzen, dass alle diese von mir angeführten beispielhaften Erfahrungen ja auch mit einer gewissen *Katharsis* einher gingen, und das heißt also mit einem bis in die Körperlichkeit hinein zu spürendem *Strahlt*, einem 'Durchrieseln', Durchschaudern, Reinigen, befreiendem Empfinden. Gerade das Wort 'Durchrieseln' lässt am besten zeigen, dass hier etwas wie körperhaft, körperbildlich, erfahren wird, aber gerade nicht mehr als Zer-Stückelung, sondern diesmal eben in einer Zusammenfassung von Stückelungen, als 'patch-work' sozusagen, als ein Ganzes enthoben seiner zerstückelten Unbewusstheit.

4. 4 Selbsttherapie

Zum Abschluss möchte ich ein Resümee all der immer noch nicht ganz geklärten Darstellungen ziehen, um vielleicht doch noch eine letzte Klarheit zu verdeutlichen. Die Naturwissenschaftler, denen ich mich zuerst zugewandt habe, sprachen nicht voll, und die Geisteswissenschaftler, die ich dann bis hin zu Freud untersucht habe, haben keine Konstanz im Blick. Die Naturwissenschaftler sind zwar mit der Formulierung der neuen Inflationstheorie des Universums, einer Aufblähung des Universums in den ersten Billionstel Bruchteilen einer Sekunde, schon recht fortschrittlich geworden. Dennoch muss man sagen, dass das Universum damit in dieser Phase eben gerade noch kein Universum ist, gerade dieser Name passt nicht, wohl aber ein Es *Strahlt*, d. h. das explosionsartige Ausdehnen eines 'Feldes', in dem weder Energie noch Materie in ihrer eigentlichen Form vorhanden sind, sondern nur virtuell, mathematisch, als Folge eines 'falschen Vakuums' existieren.[224] Es liegt das *Strahlt* einer UR-Spiegelung, einer Ur-Symmetrie vor. Wie kann ich Universum sagen, wo noch kein uni (eins) und kein versum (drehen) ist? So schön und interessant Physik, Mathematik und die paläontologische Forschung auch sind, es fehlen ihnen die wahren Signifikanten, die wahren Bedeutungseinheiten, in denen sie sich darstellen müssten.

Und die Geisteswissenschaftler? Wie kann ich ,Wahrheit' sagen, wie ,Mensch' oder gar von Anschauungen ,a priori' reden oder von ,Gott'? Wie können sie all diese Signifikate so verwenden, als ob sie schon signifikant (also Signifikanten, Wort- und Bild-Wirkendes) wären? Sie benutzen bei ihren Forschungen die Sprache in einer Weise, die die Ergebnisse, die Resultate dieser ihrer Forschungen schon vorweg-

---

[224] Overbye, D., Das Echo des Urknalls, Droemer-Knaur (1991) S. 295 -329

nehmend beinhaltet. Wie ausgefeilt oder akribisch Wissenschaftler auch immer vorgehen mögen, niemals können sie derartig schlagfertige, stimmige und zutreffende Resultate zustande bringen, wie ich sie in all den Beispielen geschildert habe, die durch eigenes Erfahren der unbewussten Gedanken im Form der *Pass-Worte* ausgelöst wurden. Und wie sie kein Fachmann, sondern nur jeder interessierte Laie selbst bei sich erschaffen kann.

Die akademischen Geister benötigen bei dem, was sie anspruchsvoll Dialektik nennen, zuerst einmal einen fertigen Spruch (These), dem sie dann einen Widerspruch entgegensetzen müssen (Antithese), um zu einer letztlichen Synthese zu gelangen. Aber dies gilt ja nur für diese umständlichen 'gerichteten' Denker, wer wird denn im Alltagsgeschehen ständig These und Gegenthese durchformulieren, um schließlich zu einem Entschluss zu kommen? Oder, nochmals auf die Naturwissenschaftler bezogen: wer wird denn die Gesetze der Relativitätstheorie verwenden können, wenn er wie eh und je sein Leben in dieser dreidimensionalen Welt tagaus tagein durchleben muss? Es fehlt Blick-Konstanz und volles Sprechen in enger Zusammengehörigkeit, auch wenn alles zu recht interessant ist.[225]

Wir benötigen heute ein selbsttherapeutisches Verfahren. Niemand anderer als man selbst kann den entscheidenden Schritt tun, sich aus den Schwierigkeiten der globalisierten, übertechnisierten, umwelt- und klimazerstörenden Welt zu befreien. Bevor man eine Revolte gegen all dies Negative anzettelt, was sicher auch gut wäre, sollte man dennoch zuerst einmal gegen sich selbst revoltieren. „Wanted reformers", heißt ein altes englisches Sprichwort, "not of others but of themselves"! Es nützt nichts darauf zu warten, dass alles

---

[225] Für Lacan ist das ‚volle Sprechen', also ein Sprechen gleichzeitig aus dem Bauch und dem Kopf heraus, das Ziel der Psychoanalyse.

besser wird. Man kann jetzt schon bei sich selbst anfangen und dies vor allem, wenn man selbst psychische oder somatisierte Leiden hat. Ich verstehe das Verfahren der *Analytischen Psychokatharsis* auch als Neuanfang mit sich selbst.

Dass man das *Spricht* des eigenen Unbewussten selbst erfahren, ergreifen, ja hören kann, wird vielleicht für manchen befremdlich klingen. In einer akustischen Halluzination, in der man 'Stimmen hört', hat man selbst nicht genügend Distanz, und man hört meist nur fremde oder drohende 'Stimmen', während es in der *Analytischen Psychokatharsis* um einen eigenen unbewussten 'Gedanken' geht, der auch meist sofort als solcher zu erkennen ist. Vor allem mit dem richtigen Werkzeug wie einem wissenschaftlich gesicherten Hintergrund und den *Formel-Worten* ist es tatsächlich möglich, sich selbst zu heilen, und im Grunde genommen sehr ähnlich dem, was Mystiker, Anachoreten, Religionsstifter oder Psychologen immer schon gemacht haben.[226] Aber sie haben sich eben keiner modernen, wirklichen Wissenschaft bedient. Der 'linguistische Kristall' mit den Schnittstellen seiner *Formel-Worte* erfüllt jedoch einen derartigen wissenschaftlichen Anspruch. Diesem Anspruch lässt sich auch noch von anderen Seiten her nachkommen. Z. B. von der Schnittstelle Sprache / Musik.

Diesbezüglich habe ich ja bereits Petrarca und sein musikalisches Spiel mit Vokal- oder Silbenwiederholungen zitiert. S. Bayerl hat in ihrer Untersuchung 'Von der Sprache der Musik zur Musik der Sprache' (Königshausen & Neumann, 2002) eine umfangreiche Darstellung dieser Thematik vorge-

---

[226] Ich erinnere an das Beispiel von Jaynes oder erwähne das Buch von C. Albrecht, Psychologie des mythischen Bewusstseins, Mainz (1976), worin der Autor durch eine Konzentrationstechnik das Auftauchen besonders klanghafter, bedeutungsvoller Worte induzieren konnte, die jedoch nur durch Pathos und pastorale Feierlichkeit gestützt waren.

legt. Auch sie beginnt mit den Frühmenschen und zitiert Le-roi-Gourhan, der in den von mir ja am Anfang erwähnten Kerben nicht ein Jagdfieber, sondern einfach eine Rhyth-musdarstellung sieht, also Sprache, die Musik ist und umge-kehrt. Sodann verweist Bayerl natürlich auf die griechische Verstechnik, auf die Hexameter und die sprachlich-musikalischen Überlieferungen homerischer Epen. Der Rhythmus, der Vers, hatten eine *Strahlt / Spricht*- Metrik, die nicht nur der besseren Deklamation, sondern auch der besse-ren Mnemotechnik diente. Und zum Schluss verweist Bayerl noch auf 'Sprachkomponisten' und 'Mundartisten' wie E. Jandl, der die 'Wörter spaltet', der vom 'Röcheln (statt Lä-cheln) der MonaLisa' spricht, vom 'violetztes Mal', wenn er das Violett vom vorletzten Mal hereinbringen will oder das ebenso farbige 'Rot / schherunter' betont. Auch die Stakka-to-Dichtungen von Dario Fo, bei denen man nur noch ver-mittels des Wortklanges und kaum noch durch den Inhalt versteht, um was es geht, erreichen das gleiche Ziel: ein lin-guistisches Feuerwerk, ein lautes Träumen, mehr jedoch nicht.

Während E. Jandl und Dario Fo also die Schnittstelle Seman-tik / Semiotik bis zum Geht-nicht-mehr strapazieren, benut-zen andere Schriftsteller die Schnittstelle Gehirn / Psycholo-gie, womit dem Anspruch moderner Wissenschaftlichkeit bezüglich des Übens mit dem 'linguistischen Kristall' viel-leicht noch eher Genüge getan wird. In seinem Roman, 'Das Echo der Erinnerung' schildert nämlich der Autor R. Powers das Schicksal eines Cappgras-Kranken. Diese – allerdings sehr seltenen – Patienten haben auf Grund einer psychoneu-rologischen Störung die Illusion, speziell nahe Verwandte oder Freunde seien nicht mehr diese selbst, sondern ausge-tauschte ähnliche Personen, Doppelgänger. Anfänglich sieht es so aus, als würde in diesem Roman von Powers ein Neu-rowissenschaftler nahe daran sein, das Rätsel dieser Erkran-kung bei dem Romanprotagonisten, der seine Schwester für eine Ersatzfigur hält, zu lösen. Denn so absurd diese Störung ist, so wenig fällt es den meisten Menschen schwer, sich eben sehr persönliche, familiäre, intime innerseelische Konflikte als Ursache dieser Wahnerkrankung vorzustellen. Gerade die Menschen, mit denen man am meisten verbandelt, mit denen man affektiv und gleichzeitig problematisch verbunden ist, kann und will man dann eben nicht wiedererfassen oder besser: nicht als die sehen, die sie sind, und zwar gerade in der Bezogenheit auf einen selbst. Doch wäre dies noch keine ausreichende wissenschaftliche Erklärung gewesen.

Dabei hatte der Autor zuerst sogar eine Freudsche Deutung erwähnt, nämlich dass diese problematische Beziehung des Bruders zu seiner Schwester genauso wie die der Antigone zu ihrem Bruder vielleicht inzestuös konflikthaft ist. Solange der Bruder in Powells Roman die Krankheit nicht hatte, konnte er diesen Konflikt verbergen, aber dann, nachdem er sich bei einem Unfall eine schwerere Kopfverletzung zuzog, was sein Gehirn und seine seelischen Abwehren, seinen seelischen Schutzwall, schwächte, konnte er den Beziehungskonflikt zu seiner Schwester nicht mehr so im Verborgenen, in der Verdrängung, halten. Doch der Autor hält diese Deutung für zu banal und antiquiert. Aber er findet auch keine bessere Lösung, obwohl er der Sache ganz knapp auf der Spur ist. Der Patient kann nämlich der angeblich ausgetauschten Schwester nicht in die Augen sehen. Das libidinöse *Strahlt,* das Andere der Sterne, im Gesicht seiner Schwester kann er nicht aushalten. Da hätte schon ein Teil des Schlüssels gelegen, der eine Klärung gebracht hätte!

Die Freudsche Deutung ist nämlich nicht ganz falsch, jedoch muss man sie nuancierter darstellen. Das libidinöse *Strahlt Spricht* ja auch. Der Cappgras-Patient konnte nämlich so, angesichts der anwesenden Schwester, auch ihre Stimme nicht erkennen, wohl aber in einem Telefonat! Am Telefon kann er sich mit ihr unterhalten und verleugnet gleichzeitig, sie vorher gesehen zu haben. Darin drückt sich der andere Teil des Schlüssels zur Deutung dieser Krankheit aus. Wenn das Andere der Sterne mit dem Anderen des Wortes zu sehr libidinös und zu primitiv-nahe verknüpft ist, funktioniert gar nichts mehr. Im Grunde genommen erkennt der Patient also sehr wohl das Gesicht seiner Schwester, aber aus ihren Augen schaut ihn etwas Tödliches an, und wenn dieses Tödliche auch noch von sich zu reden beginnt, kann er beides nicht in eine klare, gute Kombination bringen. Er bringt nicht nur kein *Pass-Wort* zustande, es könnte, selbst wenn er eines hätte, auch nichts davon sagen. Erinnert das nicht an den Blick der unterschiedlichen und sich doch so sehr ähnelnden Frühmenschen?

Der Blick, der nicht wusste, ist der andere jetzt meinesgleichen oder nicht, ist er Mensch wie ich oder noch Vormensch oder ist er sogar der Stabilere und ich der Schwächere, Verwirrtere? Ist er meinesgleichen, ja vielleicht sogar mit mir identisch (Powell lässt seinen Protagonisten sogar sagen: 'sie (die falsche Schwester) erinnert mich an mich'!) Und so kommt bei den Frühmenschen ja noch dazu, dass sie sich auch sprachlich kaum verstanden haben. Selbst wenn sie sich als doch ziemlich identisch erkannten, mussten sie den anderen wegen seiner falschen Sprache als verrückt erklären, wie es auch heute noch manchmal in der Psychiatrie passiert. Immerhin macht die Schwester in Powells Roman das Richtige: sie geht mit ihrem Bruder die alten Erinnerungen durch, sie spricht sehr verständnisvoll und beschützend mit ihm. Aber da der Autor um eine wirkliche neuro-psychologische Lösung nicht weiß, lässt er seinen Neurowissenschaftler schließlich verzweifeln und im Bett mit einer Krankenschwester landen. Sehr neuzeitlich trivial.

'Ich bin ich' und 'sie ist sie', hätte der halbe Schlüsselsatz, das Kristall-Wort dieses Falles lauten und die ganze Romanhandlung sich in so einer Formulierung weiter verdichteten können, was A. Rimbeau schon ganz klar so ausgedrückt hatte, als er schrieb: 'Ich ist ein Anderer'. Ich bin nicht nur ich, es gibt mich noch in der dritten Person Singular, die behauptet, dass es mich noch als 'Anderen' gibt, und warum sollte der nicht durch meine Schwester vermittelt sein (Zweite Schlüsselsatz-Hälfte. Rimbauds Ausdruck ist nicht paradox. Denn das Ich als 'Anderer', diese Doppelte des Psychischen, das ist ja das Unbewusste, das wirklich Seelische, insofern es dem Bewussten gegenübersteht.

Hätte Rimbaud gesagt: ‚Ich bin ein Anderer', wäre er schizophren gewesen. Aber so verbindet er das *Strahlt*, das im Gegensatz zu unseren bewussten Gefühlen und Gedanken seine Wirkung im Unbewussten hat, mit dem *Spricht*, das nicht das bewusste verbale langatmige Sprechen ist, sondern nur ein knappes Wort, ein Schlüsselsatz, ein 'Menetekel'. Die Geschichte, die Literatur und auch die Wissenschaften sind voll von solchen Beispielen wie etwa – nunmehr das letzte, das ich erwähne – Franz von Assisi, der in der Meditation den Satz hörte 'Die Kirche brennt'. Von da an begann er Mönch zu werden und auf seine Weise die Kirche zu reformieren, die nicht äußerlich, sondern innerlich in Flammen stand.

Mehr darf ich eigentlich gar nicht sagen, sonst würde ich nur wieder manipulativ, unwahrhaft, unanschaulich, und es war mein wesentlichster Ausgangspunkt, knapp und wissenschaftlich zu bleiben. Sonst würde ich ja wieder nur die Wahrnehmung jedes Einzelnen bestimmen, suggestiv beeinflussen und eine neue Universitätswissenschaft, also wieder ein absolutes Wissen auf einem bestimmten Sektor verkünden. Wieder die Nur-Physik, die Nur-Philosophie, die Nur-Mathematik oder die Nur-Theologie betreiben. Alles was man tun kann, ist ein möglichst unformal-formalisiertes Wissen verkünden, und das heißt, wie ein Psychoanalytiker 'in einer formalen Unwissenheit' verbleibend sein Wissen ausdrücken, oder, wie die Kognitionswissenschaftler vom 'freien Unwillen' reden,[227] d. h. davon, dass man die Entscheidungen einer Art Dialog-Maschinerie überlässt.

So hat auch das *Formel-Wort* formal, rein formal kein Wissen, denn es erscheint auf den ersten Blick sogar unsinnig, ja ich habe es extra so geschrieben und auch dazu die lateinische Sprache verwendet, so dass es keinen von vornherein eindeutigen Sinn hat. Sein Sinn ist nur ein formalisierter Sinn, eine formalisierte Latenz, eine Mathematik im Wartezustand, eine Dialog-Maschine, ein *Strahlt/Spricht*, das darin besteht, drei oder mehr Bedeutungen in einer Formulierung zu verknoten, wobei aber keine Bedeutung Priorität vor einer andern hat und haben soll. Das Wissen, dass 'ich von etwas gesehen werde', 'vom Sprechen mit Überzeugungskraft' etc., ist nur versteckt im *Formel-Wort* ARE VID EOR enthalten, denn es ist nicht das wesentliche, das relevante Wissen.

Der richtige Zugang zum relevanten, zum Wahrheits-Wissen ist auch das Problem vieler Autoren auf psychologischem-anthropologischem, künstlerischem und pädagogischem Gebiet. Was ich selbsttherapeutisches Training nenne sind für den Anthropologen und Ästhetikwissenschaftler R. zur Lippe 'Übungen als Teil wissenschaftlichen Lernens'.[228] Der Autor geht von der Hermeneutik aus, der verstehenden, interpretierenden Deutungs-Wissenschaft, die Zusammenhänge nach immer wieder neuen Gesichtspunkten ordnet etwa nach dem Goetheschen: 'Willst du ins Unendliche schreiten, geh nur im Endlichen nach allen Seiten'. Da er selbst erkennt, dass dies allein wissenschaftlich-theoretisch auch in seinem fast 600 Seiten starken Werk nicht gelingt, plädiert er eben für eine Art von pädagogischer Ästhetik, also Übungen im ästhetischen Bereich, wie man sie vereinfacht aus dem

---

[227] Hofstadter, D.R., Metamagicum, Klett-Cotta (1998) S. 855
[228] Zur Lippe, R., Sinnesbewusstsein, Grundlegung einer anthropologischen Ästhetik, Rowohlt (1987) S.480

Kunstunterricht kennt. Genau wie mein Training sollen seine Erörterungen und seine Übungen dann über sein Vorgehen noch hinausführen in eine letztliche Transzendenz.

Eine derartige Methode finden wir aber auch bei vielen Entspannungskursen, bei Tanz-, Yoga-, Bewegungs- und Begegnungsveranstaltungen, in Meditationen konfessioneller oder sonstiger Art, und sie unterscheiden sich doch erheblich von dem, was ich unter einer Erneuerung, Verbesserung der Kombination des Anderen des Wortes mit dem der Sterne verstanden wissen will. Denn zur Lippes Erläuterungen enthalten nichts vom Unbewussten, von jener Software des Ganz-Anderen, von jener Bildschrift- Verbalsprache des Anderen des Wortes und der Sterne in uns selber. So ist eine der Übungen, die zur Lippe z. B. empfiehlt, eine visuelle Übung. Man soll nicht fokal Sehen, also einen begrenzten Bereich in den Blick nehmen, sondern sich Hinsetzen und versuchen, global, umfassender wahrzunehmen, einen neuen Blick zu bekommen. Das klingt alles sehr gut. Klingt nach Blick-Konstanz, ist aber nur Aufruf zu mehr Gebildetsein.

Der Blick bleibt gespalten, er findet nicht aus den zwei Himmeln in den differenzierten Himmel als solchen zurück, der ein vom Anderen des Wortes durchwobenes Anderes der Sterne ist. Was man durch alle diese Kurse lernen kann, ist nur Erweiterung des schon Gegebenen, keine wirkliche Umkehrung zum Ganz-Anderen hin. Man erweitert seine Wahrnehmung, aber man erneuert sie nicht grundlegend, gestaltet sie nicht wesentlich echter, glücklicher. Obwohl die Autoren von Bioenergetikkursen oder sogenannten 'körperorientierten Therapieverfahren' wie z. B. des autogenen Trainings oder der ,funktionellen Entspannung',[229] fast direkt auf das *Strahlt*- und *Spricht*-Prinzip verweisen, indem sie vom 'Schatten' als dem verfremdeten Körperselbst ausgehen (das

---

[229] Uexküll, Th. Von, Fuchs, M., Subjektive Anatomie, Schattauer (1994)

echte ist dann das 'Licht') und vom 'Ich-Ton' als einem 'Laut', der schon in den Körperzellen erfassbar sein soll, sprechen, benützen sie doch sehr eigenwillige und nicht nach wissenschaftlichen Kriterien ausgewählte Übungen. So wird, was man ja sehr häufig auch im Yoga finden kann, der Atemrhythmus als persönlicher Eigenrhythmus herangezogen, um von seinem tieferen Selbst etwas zu 'erspüren'.

Zusätzlich aber manipuliert der Therapeut diese Übungen auch noch mit seinen Händen durch Druck oder Berührung des Patienten, oder der Patient manipuliert sich selbst durch einige weitere Übungen wie einen brummenden Ton beim Ausatmen von sich zu geben etc. Der Gedanke an einer subjektiven Anatomie zu arbeiten, etwas zu 'erspüren' und durch Wiederholung zu vertiefen treffend gewählt und interessant dargestellt.[230] Tatsächlich kann die herkömmliche Psychoanalyse im Bereich der Psychosomatik fast nichts leisten, und so könnten diese 'leibnahen' (ich würde für die *Analytische Psychokatharis* besser sagen 'triebnahen', weil das dem Realen als solchem, dem Realen zwischen Soma und Psyche am nächsten kommt) Übungsverfahren zu einem großen Gewinn führen.

Der therapeutische Gewinn wird in all diesen Methoden aber nicht voll ausgeschöpft. Wenn bei der funktionellen Entspannung diese 'erspürten' Erfahrungen nunmehr in Symbole gebracht werden müssen, also in Worte, müssen die Autoren entweder auf psychoanalytisches Wissen zurückgreifen

---

[230] Das Wiederholen des Rhythmus stimmt mit dem Wiederholen bei Freud und dem Wiederholen des *Formel-Wortes* in der *Analytischen Psychokatharsis* überein, aber so sehr der Atemrhythmus auch als Eigenrhythmus beschrieben wird, zur Wiederholung gehört auch schon der semantische, der sprachliche Teil, und der muss bei der funktionellen Entspannung erst zusätzlich angefügt werden.

(dann hätte man aber gleich bei der Analyse bleiben können) oder auf die Definition von Symbolen als *Zeichen* einer 'sozialen Übereinkunft' (dann wird der so wesentliche Triebbereich, der ja in der Sozietät verdrängt ist, ausgeblendet). Beim Focusing dagegen – einer ähnlichen Methode –werden sowohl die 'erspürten' Erfahrungen wie auch die *Zeichen*-Symbolik einer bewussten – wie es Gendlin sogar explizit betont: 'philosophischen' Betrachtung, d. h. der Spekulation überlassen.[231]

Die Methode der *Analytischen Psychokatharsis* versucht diese Probleme zu umgehen. Die Verzahnungen, Verschaltungen mit den bei der psychosomatischen Krankheit gestörten Körperbildern, Körperchiffren sind leichter umschaltbar durch ein so direktes, prägnantes, durch die Wiederholung fast wie körperlich insistierender *Formel-Worte*. Diese ermöglicht die Umsetzung des 'Erspürten' (der zerstückelten Körperbilder) in die Sprache direkt und ohne einen Rückgriff auf irgendein Bezugsystem sozialer oder natureller Art, ohne langwierige Erarbeitung vom Wesen der Übertragung und der Auflösung dieser Übertragung wie in der Analyse und ohne die zahlreichen wissenschaftlich nicht abgesicherten Übungen wie in der funktionellen Entspannung oder im Yoga, Tai-Chi oder sonstigen Methoden.

Man muss sich rechtzeitig überlegen, ob nicht ein selbstanalytisches Training zuerst einmal wichtiger ist als alles andere, und wieweit, bis zu welcher Grenze man mit einer bestimmten Wissenschaft man gehen will. Man verliert sonst mit dem eigenen Wissenschaftspluralismus oder mit penetranter Laienhaftigkeit alles aus den Augen. Die Dinge müssen nicht nur theoretisch dargestellt, sondern in einer guten Theorie authentifiziert, durch laufende Praxis hinterlegt, untermauert sein. Man übt die *Analytische Psychokatharsis* so-

---

[231] Gendlin, E., Körperbezogenes Philosophieren, Focusing Bibliothek Bd. 5. „concrete original object" (COO)

lange, bis man nicht mehr anders kann, als alles auch in der Theorie gut und echt auszudrücken. All dies hat der Soziologe T. Lipowatz hat in seinem Buch 'Die Verleugnung des Politischen' sehr schön herausgestellt.[232] Er schreibt, dass der Weg eines politischen Sinns, eines Opfers, sich 'im Rahmen diskreter Brüderlichkeit in der Psychoanalyse wieder öffnen kann', was 'für das Subjekt bedeutet, dass seine Wahrheit nicht wie bei Hegel oder Marx erst am Schluss des Prozesses erscheint, sondern unterwegs, in der Überraschung, an den Rändern, daneben .. .'.

D. h dass das, was er 'die Stunde Lacans' nennt, die einer individuellen Psychoanalyse, die gleichzeitig eine überindividuelle ist, eine kollektive, politische, weil sie sich mit ihrer Analyse der Sprachvorgänge einschreibt in den alltäglichsten Diskurs der Menschen, dass dies auch genau meinem Vorgehen entspricht, wenn ich Individuen auffordere, ein selbstanalytisches Training einzuüben, das sie fähig machen soll, klar, unbehindert das Andere der Sterne zu 'Schauen'. Und dass Man seine Selbsterfahrung einbringen muss, um voll, in Ganzheit, im Anderen des Wortes 'Sprechen' zu können. Nur ein aus vielen Individuen herausgehendes derartiges Wahrnehmen und Artikulieren ist wirklich politisch im vollen Sinne. Alle Parteipolitik, Interessenpolitik, die sich schon vorher an ein präformiertes Konzept hält, wird immer nur entweder rechts- oder linkslastig sein, oder sonst-wie-lastig, nicht wirklich erneuernd.

Dazu kommt, dass das Problem des Politischen heute vor allem auch im Macht- und Monopolbestreben der Wissenschaften liegt, nicht nur in rein wirtschaftlichen Interessen, mit denen sie verflochten sind. Die Pluralität der Wissenschaften bringt die Gefahr mit, dass man gar nicht mehr an wirklicher Wissenschaftlichkeit interessiert ist, sondern den

---

[232] Lipowatz,T., Die Verleugnung des Politischen, Quadriga (1986) S. 220

durchgängigen Konsens, Kontext der Wissenschaften, wie er freilich notwendig ist, wenn es sich um wirkliche Wissenschaften handeln soll – die Theologen achten z. B. peinlich darauf, dass sie den Naturwissenschaften nicht widersprechen und trotzdem ihre Theorien halten können – nur pro forma aufrecht erhält, damit man selbst ungestört weiter sein eigenes Spezialgebiet ausbauen kann.

Es verhält sich wie im Mittelalter, wo sich Kirche und Staat ihre Pfründe geteilt haben, argwöhnisch freilich, jedoch selten zugunsten der Allgemeinheit. Was ist wirklich Wissenschaft, diese Frage muss uns doch bewegen! Darum müssen wir doch ringen, jeder Einzelne ist aufgerufen. Und eben, damit dies wirklich jeder Einzelne tun kann, der Laie wie der Fachmann, bedarf es eines neuen Zugangs zum Wissen, zu den Kommunikationsformen des Wissens, zum Wissen am Platz der Wahrheit, und nicht nur am produktivsten Platz, am Platz des Viel-Wissens oder gar der Macht. Lerne noch mehr zu wissen, sagt der Universitätslehrer, weiß mehr als andere, weil du dann auf ewig Schüler bleibst und das Wissen der Universität vermehrst, deren Lehrer wir sind. Es verhält sich so wie früher die Geistlichkeit sagte: bete noch mehr, man kann immer noch mehr beten. Bete für dein Wohl, das das unsere ist.

V. LITERATURVERZEICHNIS

Appleton, T., Warum verschwanden die Neandertaler, Heyne (1999)

Baggini, J., Ich denke, also will ich, dtv (2016)

Barkhaus, A., Mayer, M., Identität, Leiblichkeit, Normativität, Suhrkamp (1996)

Bauriedl, T., Beziehungsanalyse, Suhrkamp (1993)

Benthien, C., Wulf, Ch., Körperteile, Rowohlt (2001)

Bezzel, C., Wittgenstein, Junius (1996)

Brenman, E., Vom Wiederfinden des guten Objekts, frommann-holzboog (2014)

Breuer, R., Immer Ärger mit dem Urknall, Rowohlt (1993)

Bischof, M., Biophotonen, Zweitausendeins (1995)

Brockman, J., Vogel, S., Wie funktioniert die Welt?, Fischer Taschenbuch (2013)

Byung-Chul Han, Die Austreibung des Anderen, Fischer Wissenschaft (201)

Byung-Chul Han, Die Errettung des Schönen, Fischer Wissenschaft (201)

Camus, A., Der Mensch in der Revolte, Rowohlt (1997)

Camus, A., Der Mythos des Sisyphos, Rowohlt (2000)

Carnap, R., Einführung in die Philosophie der Naturwissenschaft (1969)

Coccia, E. Sinnenleben, Edit. Akzente Hanser (2020)

Damasio, A. R., Descartes` Irrtum, Dtv (1997)

Davies, P., Gott und die moderne Physik, Bert. M. (1986)

Eccles, J. C., Gehirn und Seele, Piper (1987)

Eichmeier, J., Höfer, O., Endogene Bildmuster, U&S – Verlag (1974)

Eribon, D., Rückkehr nach Reims, ed suhrkamp (2016)

Fischer-Lichte, E., Performativität: Eine Einführung, transcript (2012)

Fölsing, A., Albert Einstein, Suhrkamp (1995)

Freud, S., Studienausgabe, Fischer (1989)

Goel, B. S. Meditation und Psychoanalyse, Ariston (1989)

Görz, G., Einführung in die Künstliche Intelligenz, Addison-Wesley (1996)

Goldman, L. R., The Anthropology of Cannibalism, B&G (1999)

Heidegger, M., Unterwegs zur Sprache, G. Neske (1959)

Hilbrecht, H., Meditation und Gehirn, Schattauer (2010)

Hofstadter, D., Die Fargonauten, Klett-Cotta (1996)

Hofstadter, D., Die Analogie, Klett-Cotta (2014)

Horgan, J., An den Grenzen des Wissens, Luchterhand (1997)

Jacobs, A., Schrott, R., Gehirn und Gedicht, Hanser (2011

Jakobson, R., Semiotik, Suhrkamp (1988)

Jakobson, R., On Language, Harvard University Press (1995)

Jung. C.G., Gesammelte Werke, Walter (1983)

Kant, I., Kritik der reinen Vernunft, Reclam (1966)

Kant,I., Kritik der praktischen Vernunft, Suhrkamp (1974)

Kluge, F., Etymologisches Wörterbuch, W. de Gruyter (1989)

Köhler-Weisker, A., Gespräche unter dem Mopanebaum, Psychosozial-Verlag (2015)

Lacan, J., Schriften I - III, Walter, (1975)

Lacan, J., Seminare I,I, VII, XI, XX, Quadriga (1980-1995)

Lacan, J., Seminaire Nr. III, Iv, VIII, XVII, Edition Seuil (1981-1994)

Lacan, J., Die Bildungen des Unbewussten, Turia & Kant (2006)

Lacan, J., Mitschriften der Seminare,VI,IX,X,XII,XV, B.R.L.F., Strasbourg

Laplanche, J., Pontalis, J. B., Das Vokabular Der Psychoanalyse, Suhrkamp (1989)

Leakey, R., Die ersten Spuren, Goldmann (1999)

Linke, D., Kunst und Gehirn, Rowohlt (2001)

Maar, C., Pöppel, E., Christaller, T., Die Technik auf dem Weg zur Seele, Rowohlt (1996)

Merleau-Ponty, M., Das Sichtbare und das Unsichtbare, Fink Verlag (1994)

Morgenthaler, F., Gespräche am sterbenden Fluß, Fischer (1986)

Pinker, S., Der Sprachinstinkt, Kindler (1996)

Plato, Sämtliche Werke, Insel Verlag (1991)

Popper, K. R., Eccles, J. C., Das Ich und sein Gehirn, Piper (1989)

Potthoff, P., Die Begegnung der Subjekte, Psychosozial-Verlag (2014)

Radisch, I, Camus, Rowohlt (2013)

Roazen, D., Der innere Sinn, Archäologie eines Gefühls, Fischer (2012)

Roheim, G., Die Panik der Götter, Kindler (1975)

Rosset, C., Das Reale in seiner Einzigartigkeit, Merve (2000)

Rüdinger, D., Perrez, M., Anthropologische Aspekte der Psychologie, O. Müller (1979)

Rudgley, R., Abenteuer Steinzeit, Kremaye & Scheriau (2001)

Schmidt-Hellerau, C., Lebenstrieb & Todestrieb, Libido & Lethe, Verlag Intern. Psychoanalyse (1995)

Schmitz, R. W., Thissen, J., Neandertal, Spectrum (2000)

Searle, J. R., Geist, Hirn und Wissenschaft, Suhrkamp (1992)

Seidler, G. H., Der Blick des Anderen, Verlag Intern, Psychoanalyse (1995)

Sinz, R., Gehirn und Gedächtnis, Fischer Utb (1981)

Sloterdijk, P., Du musst dein Leben ändern, Suhrkamp (2009)

Spielrein, S., Sämtliche Schriften, Kore (1987)

Strowik, E., Sprechende Körper, Fink-Verlag (2009)

Sunday, P. R., Divine Hunger, Cambr. Univ. Press (1986)

Thompson, R. F., Das Gehirn, Spectrum (1994)

Thorne, K. S., Gekrümmter Raum und Verbogene Zeit, Knaur (1996)

Tipler, F. J., Über die Omegapunkttheorie, Piper (1994)

Uexküll, Th., Fuchs, M., Subjektive Anatomie, Schattauer (1994)

Weiss, Der Andere in der Übertragung, Frommann-Holzboog, (1988)

Weizsäcker, C. F. von, Die Einheit der Natur, Dtv (1995)

Weinberg, S., Der Traum von der Einheit des Universums, Bertelsmann (1993)

Weizenbaum, J., Die Macht der Computer, Stw (1977)

Wiener, O., Probleme der Künstlichen Intelligenz, Merve (1990)

Wilhelm, R., Informatik, C.H.Beck (1996)

Wilson, E. O., Der Wert der Vielfalt, Piper (199

Wolf, F. A., Die Physik der Träume, Byblos (1996)

Wygotski, L.S., Denken und 'Sprechen', Fischer (1981)

Virilio, P., Die Sehmaschine, Merve Verlag (1989)

Webseite: Analytic-Psychocatharsis.com

Weitere Bücher des Autors aus dem MCS-Verlag

Analytische Psychokatharsis

Psychoanalytische Theorie und kathartische Meditation können nicht einfach ineinander überführt werden. Setzt man beide Verfahren aber durch ein entscheidendes Element (einen „linguistischen Kristall") in Beziehung, lässt sich ein eigenes neues Verfahren begründen. Die Psychoanalyse und die meditativen Methoden werden diskutiert, und die Praxis des eigenen Verfahrens wird ausführlich beschrieben.

Die Revolte des Selbst

Die klassische Methode der Analyse des Unbewussten stellt eine zu theoretische Revolte des Selbst dar. Um in der Praxis Erfolg zu haben bedarf es eines direkteren selbstanalytischen Verfahrens, das jeder aus sich selbst heraus entwickeln kann. Formulierungen, die in einem einzigen Schriftzug mehrere Bedeutungen enthalten, können das Unbewusste jedes Einzelnen durch mentales Üben aufbrechen und zu sich selbst befreien.

‚teetrunken' Ausgangspunkt des Buches stellt die Lehre des Psychoanalytikers O. Graf Wittgenstein dar, der davon ausging, dass der Mensch in sich drei Teile birgt, die er nur verschiedentlich zu einer Einheit bzw. einheitlichen Persönlichkeit verbinden kann. Die letztliche und ideale Einheit nennt er den 'Trialog'. Anhand der Schilderung mehrerer Bergbesteigungen durchstreift der Autor alle möglichen kulturellen und psychologischen Fragestellungen, um im Endeffekt den 'Trialog' durch das Wandern, Meditieren und intellektuelle Verarbeiten zu erreichen.

Yoga und Psychoanalyse

An Hand einer wissenschaftlichen Biographie des Religionswissenschaftlers und Yogalehrers Kirpal Singh (Surat Shand Yoga) werden alle Yogaformen von der Seite der Psychoanalyse her betrachtet. Es ergibt sich die Notwendigkeit ein eigenes Verfahren zu begründen, das der Autor auch *Analytische Psychokatharsis* nennt. Zahlreiche Bilder und Schemata machen das Buch anschaulich.

SIGNIFIKANT Gott?

Schon die unterschiedliche Groß- Kleinschreibung provoziert, dass der SIGNIFIKANT (Bezeichner, Bedeutender), ein Begriff aus der Linguistik, wichtiger sein könnte, als die altehrwürdige Vokabel Gott. Der Autor zeigt, das Jesus ein Vorläufer der modernen Psychotherapie war und somit sein Vorgehen auch für die heutige Psychoanalyse genutzt werden kann.

Psycho.net

Das Internet, soziale und neuronale Netze beherrschen heute die Diskussion um das Wesen des Menschen. Aber das Netz, das von der Subjektbezogenheit des Menschen ausgeht, ist noch nicht erfunden worden. Der Autor beschreibt, warum man Liebe zu diesem Netz benötigt, um selbst einen persönlichen und seelischen Nutzen daraus ziehen zu können.